MANUAL DO CANDIDATO E DA CANDIDATA A VEREADOR(A)

DOMINGOS AUGUSTO TAUFNER

Prefácios
Edilberto Carlos Pontes Lima
J. U. Jacoby Fernandes

MANUAL DO CANDIDATO E DA CANDIDATA A VEREADOR(A)

3ª edição revista, ampliada e atualizada

Belo Horizonte
FÓRUM
CONHECIMENTO JURÍDICO
2024

2000 Domingos Augusto Taufner
© 2020 2ª edição Editora Fórum Ltda.
2024 3ª edição

É proibida a reprodução total ou parcial desta obra, por qualquer meio eletrônico, inclusive por processos xerográficos, sem autorização expressa do Editor.

Conselho Editorial

Adilson Abreu Dallari	Floriano de Azevedo Marques Neto
Alécia Paolucci Nogueira Bicalho	Gustavo Justino de Oliveira
Alexandre Coutinho Pagliarini	Inês Virgínia Prado Soares
André Ramos Tavares	Jorge Ulisses Jacoby Fernandes
Carlos Ayres Britto	Juarez Freitas
Carlos Mário da Silva Velloso	Luciano Ferraz
Cármen Lúcia Antunes Rocha	Lúcio Delfino
Cesar Augusto Guimarães Pereira	Marcia Carla Pereira Ribeiro
Clovis Beznos	Márcio Cammarosano
Cristiana Fortini	Marcos Ehrhardt Jr.
Dinorá Adelaide Musetti Grotti	Maria Sylvia Zanella Di Pietro
Diogo de Figueiredo Moreira Neto (*in memoriam*)	Ney José de Freitas
Egon Bockmann Moreira	Oswaldo Othon de Pontes Saraiva Filho
Emerson Gabardo	Paulo Modesto
Fabrício Motta	Romeu Felipe Bacellar Filho
Fernando Rossi	Sérgio Guerra
Flávio Henrique Unes Pereira	Walber de Moura Agra

FÓRUM
CONHECIMENTO JURÍDICO

Luís Cláudio Rodrigues Ferreira
Presidente e Editor

Coordenação editorial: Leonardo Eustáquio Siqueira Araújo / Aline Sobreira de Oliveira
Revisão: Gabriela Sbeghen
Capa e projeto gráfico e diagramação: Walter Santos

Rua Paulo Ribeiro Bastos, 211 – Jardim Atlântico – CEP 31710-430
Belo Horizonte – Minas Gerais – Tel.: (31) 99412.0131
www.editoraforum.com.br – editoraforum@editoraforum.com.br

Técnica. Empenho. Zelo. Esses foram alguns dos cuidados aplicados na edição desta obra. No entanto, podem ocorrer erros de impressão, digitação ou mesmo restar alguma dúvida conceitual. Caso se constate algo assim, solicitamos a gentileza de nos comunicar através do *e-mail* editorial@editoraforum.com.br para que possamos esclarecer, no que couber. A sua contribuição é muito importante para mantermos a excelência editorial. A Editora Fórum agradece a sua contribuição.

Dados Internacionais de Catalogação na Publicação (CIP) de acordo com ISBD

T224m	Taufner, Domingos Augusto
	Manual do candidato e da candidata a vereador(a) –3. ed. -- / Domingos Augusto Taufner. Belo Horizonte: Fórum, 2024.
	197 p. 14,5x21,5cm
	ISBN impresso 978-65-5518-690-1
	ISBN digital 978-65-5518-692-5
	1. Direito eleitoral. 2. Marketing político. 3. Gestão pública municipal. I. Título.
	CDD: 341.28
	CDU: 342.8

Ficha catalográfica elaborada por Lissandra Ruas Lima – CRB/6 – 2851

Informação bibliográfica deste livro, conforme a NBR 6023:2018 da Associação Brasileira de Normas Técnicas (ABNT):

TAUFNER, Domingos Augusto. *Manual do candidato e da candidata a vereador(a)*. 3. ed. rev., ampl. e atual. Belo Horizonte: Fórum, 2024. 197 p. ISBN 978-65-5518-690-1.

Agradeço o apoio da minha família, especialmente o de minha esposa Rita, meus filhos Tiago e Leonardo, de minha mãe Anésia, minha sogra Dona Maria (in memoriam), meu sogro Joaquim (in memoriam) e o de meu pai e escritor Idomar Taufner (in memoriam), meu grande orientador e incentivador. A todos e a todas que colaboraram com esta obra e que foram muito importantes para torná-la consistente, meu muito obrigado.

Em uma visão inicial, quem é bem conhecido e tem um grande grupo de amigos costuma pensar que é simples e fácil ser eleito vereador. Entretanto, é uma das eleições mais complexas e disputadas que existe e que já provocou muitas decepções em quem se considerava "eleito". Conhecer os meandros e particularidades da campanha para vereador é essencial para quem pensa em ingressar nesse pleito.

(Domingos Augusto Taufner)

SUMÁRIO

PREFÁCIO DA 3ª EDIÇÃO
Edilberto Carlos Pontes Lima 15

PREFÁCIO DA 2ª EDIÇÃO
J. U. Jacoby Fernandes 17

APRESENTAÇÃO..21

CAPÍTULO 1
INTRODUÇÃO..23

CAPÍTULO 2
O MUNICÍPIO..25
2.1　A composição do município 25
2.2　O orçamento municipal..28
　　　Plano Plurianual – PPA 30
　　　Lei de Diretrizes Orçamentárias – LDO 31
　　　Lei Orçamentária Anual – LOA 31
2.3　Como os municípios podem contratar serviços, obras e bens 32
2.4　O controle da gestão municipal 34

CAPÍTULO 3
AS FUNÇÕES DE UM VEREADOR..37
3.1　A importância de conhecer o papel de um vereador 37
　　　Mas então, quais são as funções de um vereador?.................38
3.2　A função legislativa 38
　　　Tipos de leis que são votadas na câmara 38
　　　As várias etapas da tramitação de um projeto de lei..............40
3.3　A função fiscalizadora...43
3.4　Outras funções do vereador 45

CAPÍTULO 4
A DECISÃO POLÍTICA DE SER CANDIDATO 47
4.1 Tomando a decisão de ser ou não ser candidato 48
4.2 A candidatura à reeleição 51
4.3 Conhecendo a estrutura da legislação partidária e eleitoral 53
4.4 Requisitos legais para ser candidato(a) a vereador(a) 56
4.5 Registro da candidatura 61

CAPÍTULO 5
A MULHER CANDIDATA 65
5.1 Introdução 65
5.2 A política de cotas e outras ações afirmativas 70
5.3 As dificuldades da participação da mulher na política 74
5.4 Sugestões para as candidatas 77

CAPÍTULO 6
AS PARTICULARIDADES DE UMA ELEIÇÃO PARA VEREADOR 81
6.1 O grande número de candidatos 82
6.2 O descrédito eleitoral 82
6.3 Dicas eleitorais 84
I   Em eleição não há voto certo 84
II O voto para vereador é pessoal 85
III O voto para vereador não é apenas pessoal 85
IV Ninguém está eleito 86
V   Ninguém está derrotado 86
VI Fazer uma campanha simples e direcionada 86
VII Campanha de massa também é importante 87
VIII As pessoas mais simples têm dificuldade de votar 87
6.4 Como o candidato pode ser enganado 88

CAPÍTULO 7
A ORGANIZAÇÃO DE UMA CAMPANHA 91
7.1 O comitê eleitoral 91
7.2 A coordenação da campanha 92
7.3 Fases de uma campanha 93
7.4 A pré-campanha 95

CAPÍTULO 8
O CONTROLE DAS FINANÇAS 99
8.1 Orientações básicas 99
8.2 Fontes de recursos 101
     Fundo Especial de Financiamento de Campanha (FEFC) 101
     Fundo partidário 102
     Recursos próprios 103
     Doações 103
8.3 De quem o candidato não pode receber doação em hipótese
     nenhuma 104
8.4 O que é considerado como gasto eleitoral 106
8.5 O orçamento de campanha 109

CAPÍTULO 9
A PROPAGANDA ELEITORAL 111
9.1 A propaganda proibida 112
9.2 A propaganda permitida 114
9.3 A marca da campanha 116
9.4 A fotografia 117
9.5 Os principais materiais de campanha 118
9.6 A propaganda no rádio e na televisão 121
9.7 A propaganda na internet 123

CAPÍTULO 10
O USO DAS REDES SOCIAIS 129
10.1 A ascensão do *smartphone* 130
10.2 O que são as redes sociais 132
10.3 Como o candidato pode utilizar as redes sociais 135
      E quais são os cuidados que devemos ter ao utilizar as redes
      sociais? 136
10.4 O risco das *fake news* 138
10.5 O uso da inteligência artificial 140

CAPÍTULO 11
ATIVIDADES QUE PODERÃO SER DESENVOLVIDAS 145
11.1 Atividades dirigidas 145
11.2 Atividades de massa 148
11.3 O trabalho em conjunto com o candidato majoritário 149

CAPÍTULO 12
ORATÓRIA, ÉTICA E SAÚDE 151
12.1   Falando em público 151
12.2   Ética na política 155
12.3   A saúde do candidato 157

CAPÍTULO 13
A RETA FINAL DA CAMPANHA 159
13.1   Como enfrentar o nervosismo 159
13.2   Revisão geral dos trabalhos 161
13.3   O dia da eleição 162

CAPÍTULO 14
A FISCALIZAÇÃO DO PROCESSO DE VOTAÇÃO
E APURAÇÃO 163
14.1   A nomeação das pessoas que trabalharão no processo eleitoral 164
14.2   A urna eletrônica 166
14.3   Fiscalizando a votação e a apuração 167
         Pontos importantes a observar no processo de votação 168
         E após o encerramento do processo de votação? 169
14.4   Cálculo do quociente eleitoral 170

CAPÍTULO 15
A PRESTAÇÃO DE CONTAS, A DIPLOMAÇÃO E A POSSE 173
15.1   A prestação de contas 173
15.2   A diplomação 175
15.3   A posse 176

CAPÍTULO 16
O EXERCÍCIO DO MANDATO 177
16.1   As prerrogativas de um vereador 177
16.2   Proibições e incompatibilidades 180
16.3   A eleição da Mesa Diretora 181
16.4   A eleição das comissões permanentes 183
16.5   A escolha da assessoria 184
         Quais são os assessores de que um vereador precisa? 185
         E nos municípios onde não há assessoria? 186
16.6   O mandato 187

REFERÊNCIAS..189

APÊNDICE
SUMÁRIOS DA LEGISLAÇÃO ELEITORAL E PARTIDÁRIA...........193
Lei nº 9.504, de 30 de setembro de 1997 – Lei das eleições....................193
Lei nº 4.737, de 15 de julho de 1965 – Código Eleitoral........................195
Lei nº 9.096, de 19 de setembro de 1995 – Partidos Políticos................197

PREFÁCIO DA 3ª EDIÇÃO

Um dos dilemas da democracia é compatibilizar a capacidade de ser eleito com a capacidade de governar. É que são habilidades muito distintas. De um lado, quem disputa eleições deve demonstrar liderança, simpatia e eloquência. Quase nunca precisa demonstrar que compreende as nuances da administração pública, que identifica com clareza as possibilidades e os limites do cargo que pleitea.

É essa lacuna que o livro do Conselheiro Domingos Taufner procura preencher, especificamente para quem busca o importante cargo de vereador. Legislar sobre matérias de interesse local está longe de ser trivial. O vereador tem uma gama de atribuições considerável, o que inclui também a fiscalização da complexa máquina municipal.

A formação das pessoas que atuam no Poder Público é um dos itens significativos para a composição de uma máquina estatal eficiente e que seja capaz de atender aos diversos interesses e necessidades das pessoas.

A falta de preparo ou de ética com a coisa pública, ou ambos, poderá levar a decisões desastrosas e com terríveis consequências para a sociedade. Isso torna a capacitação dos dirigentes políticos ainda mais relevante e necessária.

Neste ano, teremos eleições para prefeitos e vereadores em todos os municípios brasileiros. O livro do Conselheiro Domingos Augusto Taufner, que atualmente preside o Tribunal de Contas do Estado do Espírito Santo (TCE-ES), já na terceira edição, *Manual do candidato e da candidata a vereador(a)*, é um alento.

O Conselheiro Taufner detém grande conhecimento da máquina pública. Entre várias outras atividades, Taufner foi também vereador, eleito por dois mandatos, exercidos no Município de Vila Velha (ES), o que lhe confere um conhecimento mais próximo sobre a realidade de quem está iniciando na vida pública.

A eleição para Vereador costuma ser o primeiro degrau da carreira política. Graças ao vigor de nossa democracia, uma variedade significativa de pessoas se candidata. Pode ser operário(a), empresário(a), empregado(a) doméstico(a), professor(a), pescador(a), engenheiro(a), médico(a) enfermeiro(a), aposentado(a), religioso(a), atleta, autônomo(a), sindicalista, líder de movimento popular, bem como pessoas de outras profissões ou até mesmo pessoas que não trabalham, não sendo a formação técnica ou política requisito para ser eleito. E terão dificuldades em obter essa aptidão em pouco tempo. Esta obra contribui para suprir essa lacuna. Escrita em linguagem simples e acessível, proporciona aos candidatos e candidatas a Vereador(a), ou até mesmo para quem tenha interesse em conhecer um pouco sobre esse universo, conhecimentos básicos sobre o funcionamento do Poder Legislativo Local, da legislação eleitoral e de marketing político. São conhecimentos fundamentais para quem quer conquistar uma vaga no Poder Legislativo local.

O autor reafirma ainda o seu compromisso com avanços na questão política, principalmente no caminho da conquista da igualdade da participação de gênero. Inclusive um capítulo completo é dedicado para esclarecer e debater sobre a mulher candidata, que deve ter o seu espaço garantido, e não pode sofrer qualquer tipo de discriminação. Também reafirma a posição de que os negros e outros setores marginalizados devem ter voz ativa na política.

O autor também faz importantes alertas sobre as notícias falsas, as famosas *fake news*, que inundam o mundo em geral e o Brasil em particular, e infestam o processo eleitoral. A desinformação tenta desqualificar as instituições, o que é obviamente um dos maiores riscos para a democracia. Faz-se necessário um amplo movimento para combatê-la com vigor.

Estou certo de que estamos diante de uma contribuição significativa para melhorar o nível do debate público, incentivar a participação popular, aprimorar a qualidade dos nossos representantes e assim aperfeiçoar a própria democracia. Boa leitura!

Edilberto Carlos Pontes Lima
Bacharel em Direito e em Economia. Doutor em Economia. Conselheiro do TCE/CE. Corregedor. Presidente do Instituto Rui Barbosa.

PREFÁCIO DA 2ª EDIÇÃO

É no Município que se vive. Ninguém vive no estado ou na União, vive-se no município, que no modelo federativo brasileiro é a menor unidade.

Essa identidade de cidadão, cidade e, no Brasil, município, é que se fará presente em todas as situações ao longo da vida.

Mas, a representação política que baliza essa unidade, representada pelo prefeito e por vereadores e vereadoras, ainda não é compreendida como a matriz fecunda da cidadania. Essa semente, a representação política, pode transformar um morador em um verdadeiro cidadão, que levará consigo o nobre ideário de ser parte de uma cidade e da república.

É preciso, portanto, qualificar o processo democrático, pelo esclarecimento dos protagonistas. É fundamental perceber que o primeiro parlamento é a Câmara de Vereadores. Que a democracia se faz pelo voto e quem expressa a vontade do povo é genuinamente um parlamentar. Por mais esforços que façam alguns integrantes da mídia e das empresas de redes sociais para serem porta-vozes da opinião pública, confundindo-se com opinião publicada, é a urna eletrônica que define a legitimidade verdadeira do processo democrático.

Por isso, a obra agora apresentada é fundamental como guia seguro para aqueles que se dispõe a representar parcela da população. Sabem que encontrarão todos os dias seus eleitores, que serão cobrados pela coerência de opiniões. Os vereadores são os mais legítimos representantes do povo porque convivem nas ruas, diariamente, com os que lhe outorgaram o mandato.

A obra é fundamental porque esclarece a legislação, mostra que não existe apenas a função de fazer leis, que até legislar é função mais ampla. Revela a função de controle, de forma técnica e precisa. Mas, a obra vai mais longe.

Explica como a decisão de candidatar-se deve considerar a moldura política e social. Mostra os erros que não se podem cometer, como receber quantidade de impressões gráficas a menor que o contratado, como lidar com os profissionais que querem ajudar a preço alto, sopesa a dificuldade de escolher assessores, quando os cabos eleitorais pressionam. Aqui nasce o aconselhamento do autor, que se assemelha ao pai experiente e aconselhador.

Trata, ainda, dos cuidados para atender as vedações da lei, para não perder o mandato, no processo eleitoral. Ética, nas palavras do eminente professor Adeodato, é apresentada como um componente desse cenário. Trata da oratória, do nervosismo, da prestação de contas da campanha e das doações.

A segunda edição da obra, não só atualiza a primeira. E atualiza bem, pois até a Lei nº 13.877, de 2019, foi explicada. Mas, agora decorridos mais de 20 anos da primeira edição, o autor está ainda mais qualificado.

Domingos Augusto Taufner é um profissional que conquistou uma carreira verdadeiramente notável. A todos impressiona pela fidalguia no trato, atenção, dedicação ao trabalho e ao estudo. Nos Congressos nacionais e internacionais de controle e de debate dos grandes temas, destaca-se entre seus pares. Exerceu dois mandatos como vereador e, nessa época, já ensinava. Fazia-o com o idealismo de quem quer legar um mundo melhor do que recebeu. Desempenhou cargos relevantíssimos, como por cinco anos em que dirigiu o Regime Próprio de Previdência Social (RPPS) do Município de Vitória. Após destacar-se na prova do concurso público do Ministério Público de Contas, ingressou no Tribunal de Contas. E, nessa Corte, passou ao cargo de Conselheiro, em 2011.

Portanto, o correr da pena que produziu esta obra traz a vida prática do vereador, ensinando os verdadeiros meandros da política, balizada pela experiência de quem pelo mérito exerce o controle e hoje a julga. Não há no país, quem melhor possa orientar o candidato a vereador e a candidata a vereadora.

Se Bertold Brecht, citado pelo autor, escreveu "O pior analfabeto é o analfabeto político", Domingos Augusto Taufner dedicou-se a construir a ponte do conhecimento, do esclarecimento, para construir definitivamente a possibilidade de alfabetizar politicamente os candidatos e as candidatas.

Sem dúvida, necessitávamos desta obra. E, adiantamos, necessitaremos de outras, com o mesmo quilate. A riqueza está na clareza e simplicidade da linguagem, que é ao mesmo tempo, muito precisa. E, certamente, o autor trará para as páginas de outras obras essa sua singular experiência.

Brasília, janeiro de 2020.

J. U. Jacoby Fernandes
Professor de Direito Administrativo. Mestre em Direito Público e Advogado. Consultor cadastrado no Banco Mundial. Autor de 15 livros editados pela Editora Fórum, incluindo seis coletâneas de leis. Membro vitalício da Academia Brasileira de Ciências, Artes, História e Literatura, como acadêmico efetivo imortal em ciências jurídicas, ocupando a cadeira nº 7, cujo patrono é Hely Lopes Meirelles.

APRESENTAÇÃO

Este livro foi lançado inicialmente como edição do autor no ano 2000, baseado muito em sua experiência prática, pois exerceu dois mandatos como vereador, além de ter atuado como facilitador de cursos para a sociedade em geral sobre a Câmara Municipal ministrado tanto para vereadores quanto para cidadãos interessados em fiscalizar o Poder Legislativo local.

Nessas duas décadas muita coisa mudou, tanto na legislação eleitoral, quanto na relação entre o candidato e o eleitor. O que pouco mudou foi o funcionamento da Câmara Municipal.

A lei base das eleições continua sendo a Lei nº 9.504/1997, mas com significativas alterações, principalmente no tocante a normas mais restritivas para a propaganda eleitoral. Também vale registrar a vigência da *lei da ficha limpa*, a decisão do Supremo Tribunal Federal (STF), bem como a Lei nº 13.165/2015, que proibiu as doações de empresas (e demais pessoas jurídicas) para financiamento eleitoral, a proibição de coligações proporcionais a partir de 2020, bem como a não necessidade de um partido atingir o quociente eleitoral para ficar com pelo menos uma vaga no parlamento.

No tocante à relação entre candidato e eleitor surgiu uma significativa mudança: o aumento do acesso à internet possibilitou uma interação muito forte pelas redes sociais, que vem dominando a política brasileira em todos os momentos, não somente em época eleitoral.

Quanto ao funcionamento da Câmara Municipal não houve mudanças significativas, salvo as emendas constitucionais que limitaram gastos do Poder Legislativo Municipal, além de disciplinar melhor sobre o número de vereadores.

Já na gestão pública como um todo, ocorreram, sim, grandes modificações, principalmente devido à Lei Complementar nº 101/2000, conhecida como Lei de Responsabilidade Fiscal (LRF) e a Lei nº 12.527 /2011, que é a Lei de Acesso à Informação (LAI). Essas duas leis facilitaram o acesso e o controle por parte do cidadão em relação aos gastos públicos e outros pontos relacionados à gestão pública.

Nessas duas décadas o autor também adquiriu novas experiências. Além da gestão tributária, que exercia no momento que lançou a primeira edição, geriu por cinco anos o Regime Próprio de Previdência Social (RPPS) do Município de Vitória. Em 2010 ingressou, por concurso público, no Ministério Público de Contas e desde o ano de 2011 exerce o cargo de Conselheiro do Tribunal de Contas do Estado do Espírito Santo (TCE-ES).

No campo acadêmico vale a pena registrar que o autor concluiu a graduação no curso de Direito, cursando pós-graduação em Direito Tributário e Mestrado em Direitos e Garantias Fundamentais.

A edição de 2020 foi atualizada com base na nova legislação eleitoral e também nas novas relações entre candidato e eleitor. Também foram introduzidos alguns assuntos novos como os tópicos da fala em público, da ética na política, da campanha na internet e nas redes sociais.

Nesta edição, os assuntos foram aprimorados, especialmente a parte sobre redes sociais, que é um dos meios mais utilizados na atualidade para o debate político, não somente o eleitoral. Também foi introduzido o item "2.3 Como os municípios podem contratar serviços, obras e bens", registrando que existe uma nova lei regulando as licitações e contratos na Administração Pública, que é a Lei nº 14.133/2021. Este novo item foi escrito em colaboração com Dra. Ana Luiza Jacoby.

Mas a principal marca foi mantida, que é a utilização de linguagem simples e acessível, facilitando o trabalho das pessoas iniciantes em processo político eleitoral.

CAPÍTULO 1

INTRODUÇÃO

A cada quatro anos temos eleições municipais, em que são escolhidos os prefeitos e vereadores nos 5.570 municípios espalhados por todo o Brasil. É um momento importante, no qual a população tem o poder de decidir sobre quem ocupará os cargos dos poderes executivo e legislativo locais.

Mas há um fenômeno que ocorre constantemente nesses tipos de eleições: uma polarização muito maior nas eleições majoritárias (para prefeito) do que nas eleições proporcionais (para vereador). É muito fácil notar que a maioria da população se interessa muito mais em discutir quem será o próximo prefeito e até procura, mesmo com todas as debilidades que o nosso sistema eleitoral possui, conhecer um pouco de cada candidato, pois sabe que sua escolha pode influenciar os destinos de sua cidade. Além disso, uma significativa parcela da população tem conhecimento das funções de um prefeito.

Já nas eleições para vereador, há um total *desinteresse*. Parece que a população pensa que o Poder Legislativo não influencia em nada os destinos do município. Isso ocorre por vários motivos. Um deles é que as ações que uma Câmara de Vereadores faz (principalmente as leis municipais) têm uma importância fundamental, mas não são visíveis aos olhos do povo como aquelas ações desenvolvidas pela Prefeitura (como é o caso do calçamento de uma rua); outro motivo que tem aumentado esse desinteresse popular é a péssima atuação de algumas câmaras de vereadores que, ao invés de cumprir as suas verdadeiras funções (legislar, fiscalizar, debater etc.), acabam servindo como meio de conquista de privilégios por parte de alguns vereadores.

O que tem contribuído também para essa falta de interesse é a pouca ou nenhuma preparação da maioria dos candidatos a vereador.

Só o fato de um candidato não conhecer, por exemplo, quais são as verdadeiras funções de um vereador pode acabar desmoralizando-o frente ao primeiro eleitor consciente que, sendo abordado, decida questioná-lo sobre o assunto. Entretanto, esse despreparo não é culpa única e exclusiva dos candidatos, pois os partidos políticos, com honrosas exceções, não os preparam. Também há pouco material escrito e sistematizado à disposição para leitura.

Esse manual foi escrito para tentar suprir essa lacuna e contribuir com a preparação dos candidatos e das candidatas a vereador e vereadora. Ele será útil não somente para candidatos, mas também para dirigentes partidários, para apoiadores e para qualquer pessoa, principalmente aquela que é dirigente de entidades da sociedade civil, que se interessa em conhecer melhor como funciona o processo eleitoral para o Poder Legislativo de um município.

Os dois próximos capítulos visam a dar conhecimento sobre o município, as funções de um vereador e o funcionamento mínimo de uma Câmara Municipal e a sua relação com os demais poderes. É um assunto que será abordado de maneira resumida e sem maiores detalhes. Entretanto, no caso daqueles que forem eleitos ou que forem trabalhar como assessores parlamentares, trata-se de um assunto sobre o qual deverão se aprofundar por meio de leituras de livros, participação em cursos etc. Um estudo completo da Lei Orgânica e do respectivo Regimento Interno é fundamental para quem for exercer o mandato de vereador.

Os demais capítulos têm o objetivo de proporcionar orientações de caráter político e organizativo que são muito úteis durante todo o processo eleitoral. Também informarão as normas eleitorais que interessam aos candidatos. Os dois capítulos finais trazem algumas orientações básicas para depois das eleições, sobretudo para os que forem eleitos.

No tocante à legislação eleitoral, os candidatos deverão consultar permanentemente os advogados do respectivo partido político para que estes os mantenham informados sobre as resoluções da justiça eleitoral e também sobre as decisões judiciais que possam ter afetado a referida legislação ou a sua interpretação.

CAPÍTULO 2

O MUNICÍPIO

Entender, pelo menos a partir de conhecimentos básicos, como funciona um Município, como ele é composto, quais são as suas receitas, as suas despesas, as suas competências, bem como as suas relações com outros Municípios, com o seu Estado e com a União, é de suma importância para um bom candidato a vereador. Assim, ele terá mais facilidade em elaborar propostas de trabalho consistentes.

> Uma boa leitura dos artigos 29 a 31 da Constituição Federal – CF de 1988[1] esclarece quais são os princípios básicos que todo Município brasileiro deve seguir. Recomenda-se também uma leitura da Lei Orgânica do seu Município que, obedecendo a toda a legislação hierarquicamente superior, estabelece as principais normas de funcionamento, sendo na prática uma Constituição Municipal.

2.1 A composição do município

O Município, que é uma unidade da Federação (as outras são a União, os Estados e o Distrito Federal), é composto por dois poderes: o Executivo e o Legislativo. Nos municípios não há o Poder Judiciário.

---

[1] BRASIL. Constituição (1988). *Constituição da República Federativa do Brasil de 1988*. Brasília, DF: Presidência da República, [2019].

Os órgãos desse Poder localizados no Município, como é o caso do fórum, são vinculados ao Estado e, no caso de haver algum órgão da Justiça Federal ou do Trabalho, à União.

O Poder Executivo é chefiado pelo prefeito municipal e é composto pelos diversos órgãos da administração direta (secretarias, órgãos, departamentos, unidades, etc.) e da administração indireta (autarquias, empresas públicas, sociedades de economia mista e fundações públicas).

O Poder Legislativo é exercido pela Câmara Municipal que, por sua vez, é composta por um número de vereadores proporcional à população, definidos pela própria Câmara, dentro dos limites máximos estipulados pela CF, que, nos termos do seu art. 29, IV, com a redação da EC 58/2009,[2] são os seguintes:

a) 9 (nove) Vereadores, nos Municípios de até 15.000 (quinze mil) habitantes;

b) 11 (onze) Vereadores, nos Municípios de mais de 15.000 (quinze mil) habitantes e de até 30.000 (trinta mil) habitantes;

c) 13 (treze) Vereadores, nos Municípios com mais de 30.000 (trinta mil) habitantes e de até 50.000 (cinquenta mil) habitantes;

d) 15 (quinze) Vereadores, nos Municípios de mais de 50.000 (cinquenta mil) habitantes e de até 80.000 (oitenta mil) habitantes;

e) 17 (dezessete) Vereadores, nos Municípios de mais de 80.000 (oitenta mil) habitantes e de até 120.000 (cento e vinte mil) habitantes;

f) 19 (dezenove) Vereadores, nos Municípios de mais de 120.000 (cento e vinte mil) habitantes e de até 160.000 (cento sessenta mil) habitantes;

g) 21 (vinte e um) Vereadores, nos Municípios de mais de 160.000 (cento e sessenta mil) habitantes e de até 300.000 (trezentos mil) habitantes;

h) 23 (vinte e três) Vereadores, nos Municípios de mais de 300.000 (trezentos mil) habitantes e de até 450.000 (quatrocentos e cinquenta mil) habitantes;

i) 25 (vinte e cinco) Vereadores, nos Municípios de mais de 450.000 (quatrocentos e cinquenta mil) habitantes e de até 600.000 (seiscentos mil) habitantes; (Incluída pela Emenda Constitucional nº 58, de 2009)

j) 27 (vinte e sete) Vereadores, nos Municípios de mais de 600.000 (seiscentos mil) habitantes e de até 750.000 (setecentos cinquenta mil) habitantes;

---

[2] BRASIL. Constituição (1988). Emenda Constitucional nº 58, de 23 de setembro de 2009. Altera a redação do inciso IV do *caput* do art. 29 e do art. 29-A da Constituição Federal, tratando das disposições relativas à recomposição das Câmaras Municipais.

k) 29 (vinte e nove) Vereadores, nos Municípios de mais de 750.000 (setecentos e cinquenta mil) habitantes e de até 900.000 (novecentos mil) habitantes;

l) 31 (trinta e um) Vereadores, nos Municípios de mais de 900.000 (novecentos mil) habitantes e de até 1.050.000 (um milhão e cinquenta mil) habitantes;

m) 33 (trinta e três) Vereadores, nos Municípios de mais de 1.050.000 (um milhão e cinquenta mil) habitantes e de até 1.200.000 (um milhão e duzentos mil) habitantes;

n) 35 (trinta e cinco) Vereadores, nos Municípios de mais de 1.200.000 (um milhão e duzentos mil) habitantes e de até 1.350.000 (um milhão e trezentos e cinquenta mil) habitantes;

o) 37 (trinta e sete) Vereadores, nos Municípios de 1.350.000 (um milhão e trezentos e cinquenta mil) habitantes e de até 1.500.000 (um milhão e quinhentos mil) habitantes;

p) 39 (trinta e nove) Vereadores, nos Municípios de mais de 1.500.000 (um milhão e quinhentos mil) habitantes e de até 1.800.000 (um milhão e oitocentos mil) habitantes;

q) 41 (quarenta e um) Vereadores, nos Municípios de mais de 1.800.000 (um milhão e oitocentos mil) habitantes e de até 2.400.000 (dois milhões e quatrocentos mil) habitantes;

r) 43 (quarenta e três) Vereadores, nos Municípios de mais de 2.400.000 (dois milhões e quatrocentos mil) habitantes e de até 3.000.000 (três milhões) de habitantes;

s) 45 (quarenta e cinco) Vereadores, nos Municípios de mais de 3.000.000 (três milhões) de habitantes e de até 4.000.000 (quatro milhões) de habitantes;

t) 47 (quarenta e sete) Vereadores, nos Municípios de mais de 4.000.000 (quatro milhões) de habitantes e de até 5.000.000 (cinco milhões) de habitantes;

u) 49 (quarenta e nove) Vereadores, nos Municípios de mais de 5.000.000 (cinco milhões) de habitantes e de até 6.000.000 (seis milhões) de habitantes;

v) 51 (cinquenta e um) Vereadores, nos Municípios de mais de 6.000.000 (seis milhões) de habitantes e de até 7.000.000 (sete milhões) de habitantes;

w) 53 (cinquenta e três) Vereadores, nos Municípios de mais de 7.000.000 (sete milhões) de habitantes e de até 8.000.000 (oito milhões) de habitantes; e

x) 55 (cinquenta e cinco) Vereadores, nos Municípios de mais de 8.000.000 (oito milhões) de habitantes.

O importante é que a Câmara Municipal defina um número de vereadores compatível com o que a CF prevê e que também leve em conta a sua realidade financeira, não se podendo esquecer de que o art. 29-A da CF prescreve os limites de gastos de acordo com o número de habitantes do respectivo Município. Deve-se lembrar também de que o art. 29, VI determina o limite máximo do subsídio dos vereadores que é uma percentagem do subsídio dos deputados estaduais do respectivo estado, também de acordo com os habitantes do município.

Entretanto, não é somente o número de vereadores que contribui com o aumento de gastos, mas, sim, há outros elementos como é o caso do gasto com assessores, com servidores efetivos, com diárias etc. Uma Câmara pode até definir por um número maior de vereadores (dentro dos limites da CF), mas fixar um subsídio menor para os parlamentares, bem como um número menor de servidores e assessores. Isso aumenta a representatividade, pois facilita que novas lideranças sejam eleitas, o que seria difícil numa Câmara com menos vagas. É possível, sim, ter mais vereadores sem aumentar os gastos.

Os vereadores eleitos em 2024 devem estar atentos, pois a Emenda Constitucional 109, de 15 de março de 2021,[3] faz uma alteração no que é gasto para fins de limite das Câmara Municipais. Antes os gastos com servidores inativos não eram computados, o que faz uma diferença significativa caso o Município tenha Regime Próprio de Previdência Social (RPPS) e eles passarão a ser computados a partir do exercício de 2025, primeiro ano de mandato dos futuros vereadores. Importante que os candidatos, e a sociedade como um todo, cobrem das Câmaras Municipais que se preparem para isso já no exercício de 2024.

2.2 O orçamento municipal

Como este material é destinado a iniciantes na política, e alguns provavelmente não tiveram contato com o setor público, é bom demonstrar a diferença entre a vida privada e a gestão pública.

Na administração da *vida privada* (seja pessoal ou nas empresas) há uma liberdade muito grande para fazermos as coisas, desde que sejam convenientes e éticas. O único limite que temos é que *não podemos fazer o que a lei proíbe.*

---

[3] Disponível em: https://www.planalto.gov.br/ccivil_03/constituicao/Emendas/Emc/emc109.htm#art1. Acesso em: 10 jan. 2024.

Já na *administração pública* não existe essa liberdade de atitude, pois nela *somente pode ser feito o que a lei permite*, havendo também uma série de instrumentos de controle, muito maior do que aqueles aplicados à administração privada. Para efetuar uma compra de materiais ou para contratar serviços é necessário seguir os ditames da Lei de Licitações; para aumentar o salário dos servidores públicos, há necessidade da aprovação de uma lei, e assim por diante.

O mais importante instrumento de planejamento e controle da administração pública é o *orçamento*. Nenhum dirigente público pode autorizar a realização de uma despesa sem que ela esteja prevista no orçamento, mesmo que exista dinheiro em caixa. O *orçamento* é uma lei que o Poder Legislativo vota em um ano para vigorar no seguinte. Essa lei estima a *receita* que será arrecadada e fixa a *despesa* a ser executada.

Como o orçamento é um dos principais meios de planejamento e controle da administração pública, torna-se importante entender, mesmo que simplificadamente, como funcionam os processos de elaboração, aprovação e execução orçamentária. São três os instrumentos legislativos de iniciativa do Poder Executivo, relativos à questão orçamentária, que estão listados a seguir e serão explicados um a um no decorrer deste texto:
- Plano plurianual – PPA
- Lei de diretrizes orçamentárias – LDO
- Lei orçamentária anual – LOA.

Esses instrumentos estão fundamentados nos arts. 163 a 169 da CF, na Lei 4.320/1964,[4] na Lei Complementar 101/2000,[5] conhecida como Lei de Responsabilidade Fiscal (LRF) de maneira uniforme para o todo o Brasil, mas cada Estado tem a sua Constituição e cada Município tem a sua Lei Orgânica Municipal (LOM) que também podem disciplinar a matéria, respeitando as normas gerais federais.

Há de se ressaltar que os fundamentos constitucionais e legais do Direito Financeiro sofreram alterações significativas nos últimos anos. No tocante às questões de ordem constitucional, é importante observar

---

[4] BRASIL. Lei nº 4.320, de 17 de março de 1964. Estatui Normas Gerais de Direito Financeiro para elaboração e controle dos orçamentos e balanços da União, dos Estados, dos Municípios e do Distrito Federal.
[5] BRASIL. Lei Complementar nº 101, de 4 de maio de 2000. Estabelece normas de finanças públicas voltadas para a responsabilidade na gestão fiscal e dá outras providências.

as Emendas Constitucionais nºs 100, de 26 de junho de 2019;[6] 102, de 26 de setembro de 2019,[7] 106, de 7 de maio de 2019,[8] e 109, de 15 de março de 2021.[9] No tocante às questões de ordem legal, é importante observar as Leis Complementares 164, de 18 de dezembro de 2018,[10] 173, de 27 de maio de 2020,[11] 176, de 29 de dezembro de 2020,[12] 177, de 12 de janeiro de 2021,[13] e 178, de 13 de janeiro de 2021.[14]

Plano Plurianual – PPA

O PPA é uma lei elaborada no primeiro ano de mandato do chefe do Poder Executivo e que entra em vigor no segundo ano terminando no primeiro ano do mandato seguinte, quando deverá ser elaborado outro PPA. Pelo que podemos perceber, cada PPA dura 4 (quatro) anos e o seu grande desafio é o de se constituir de fato num projeto de desenvolvimento.

O PPA tem a função de planejar os investimentos municipais em longo prazo. As despesas de capital, como as obras, por exemplo, cuja execução ultrapasse um exercício financeiro, somente poderão ser iniciadas se estiverem incluídas no plano plurianual. Também devem estar previstas no PPA as despesas relativas aos programas de duração continuada.

---

[6] Disponível em: https://www.planalto.gov.br/ccivil_03/constituicao/Emendas/Emc/emc100.htm#art1. Acesso em: 11 jan. 2024.

[7] Disponível em: https://www.planalto.gov.br/ccivil_03/constituicao/Emendas/Emc/emc102.htm#art1. Acesso em: 11 jan. 2024.

[8] Disponível em: https://www.planalto.gov.br/ccivil_03/constituicao/Emendas/Emc/emc106.htm. Acesso em: 11 jan. 2024.

[9] Disponível em: https://www.planalto.gov.br/ccivil_03/constituicao/Emendas/Emc/emc109.htm#art1. Acesso em: 11 jan. 2024.

[10] Disponível em: https://www.planalto.gov.br/ccivil_03/leis/lcp/Lcp164.htm#art1. Acesso em: 11 jan. 2024.

[11] Disponível em: https://www.planalto.gov.br/ccivil_03/leis/lcp/Lcp173.htm#art7. Acesso em: 11 jan. 2024.

[12] Disponível em: https://www.planalto.gov.br/ccivil_03/leis/lcp/Lcp176.htm#art7. Acesso em: 11 jan. 2024.

[13] Disponível em: https://www.planalto.gov.br/ccivil_03/leis/lcp/Lcp177.htm#art1. Acesso em: 11 jan. 2024.

[14] Disponível em: https://www.planalto.gov.br/ccivil_03/leis/lcp/Lcp178.htm#art16. Acesso em: 11 jan. 2024.

Lei de Diretrizes Orçamentárias – LDO

A LDO é uma lei votada no primeiro semestre de cada ano e é, basicamente, uma prévia da lei orçamentária. Ela determina as diretrizes que a administração pública terá que seguir para elaborar o orçamento anual. A LDO compreende as metas e as prioridades da administração pública, incluindo as despesas de capital (investimentos), dispõe sobre as alterações na legislação tributária e estabelece a política de aplicação das agências financeiras oficiais de fomento.

A LDO exerce o papel de ligação entre o plano plurianual e o orçamento, regula sua elaboração e está condicionada pelo plano. É um instrumento tão importante que a Câmara Municipal não deverá entrar em recesso de julho caso a referida lei ainda não tenha sido aprovada.

Lei Orçamentária Anual – LOA

Enquanto o PPA estabelece as metas para cada 4 anos e a LDO determina as diretrizes orçamentárias, a lei orçamentária (que é o orçamento propriamente dito) estabelece, de maneira detalhada, a estimativa de toda a *receita* e a fixação de toda a *despesa* municipal, devendo obedecer ao que estiver previsto no PPA e na LDO.

O Município tem uma série de demandas que deve atender: manter as unidades de saúde em funcionamento, fiscalizar as posturas municipais, investir em educação, pagar o salário dos seus servidores, prestar assistência social, manter o serviço de coleta de lixo, fazer drenagem e pavimentação de ruas, destinar recursos para o funcionamento da Câmara Municipal, dentre outras. Para atender a isso tudo são necessários recursos financeiros que constarão no orçamento na parte da *receita*.

A principal receita do Município é a de caráter tributário, que compreende os impostos, as taxas e as contribuições, tanto o que é arrecadado diretamente pelo Município (ISS, ITBI, IPTU, COSIP, taxas e contribuições de melhoria) quanto o que é repassado pela União e pelos Estados (cotas do FPM, ICMS, IPVA, IPI e ITR), conforme está previsto nos artigos 156, 158 e 159 da CF.

Nas questões de ordem tributária, vale ressaltar que deverão ser observadas as modificações da Emenda Constitucional 132, de 20 de dezembro de 2023.[15] A principal é que o ISS será fundido com o ICMS,

---

[15] Disponível em: https://www.planalto.gov.br/ccivil_03/constituicao/emendas/emc/emc 132.htm. Acesso em: 11 jan. 2024.

criando-se o Imposto Sobre Bens e Serviços (IBS). No caso de o candidato ser eleito, é importante que faça um estudo mais detalhado sobre a reforma tributária, pois, nos próximos anos, ajustes serão necessários na legislação tributária municipal.

Além das receitas tributárias, o município pode ter outras fontes de recursos, como é o caso das receitas patrimoniais (aluguéis de imóveis, por exemplo), receitas de serviços (quando ocorre a cobrança de tarifa por algum serviço prestado), receitas de operações de crédito (empréstimos), recursos provenientes de convênios etc.

Na parte da *despesa* deverão estar fixados os limites de gastos que a administração fará em cada setor. E o governo tem uma série de demandas a que ele deve atender: saúde, educação, segurança pública, infraestrutura etc.

Entretanto, não poderá o Município destinar aleatoriamente os valores que quiser para cada área. Deverá observar os princípios da CF (que determina o mínimo de 25% para a educação, bem como o limite máximo para a Câmara Municipal), os da Lei de Responsabilidade Fiscal (que fixa os limites para gastos de pessoal, dentre outros) e os da Lei nº 4.320/64.

Existem várias classificações da despesa dentro do orçamento. Em linhas gerais existem as despesas *correntes* e de *capital*, sendo que essa classificação também é utilizada no caso das receitas. As despesas correntes são aquelas que representam gastos rotineiros, como é caso das despesas de custeio (pessoal, material de consumo, serviços de terceiros e encargos diversos) e das transferências correntes (subvenções, inativos, pensionistas, juros etc.). As despesas de capital são formadas pelos investimentos (obras, equipamentos, instalações, material permanente etc.), inversões financeiras (aquisição de imóveis, concessão de empréstimos etc.) e pelas transferências de capital (amortização da dívida pública, auxílios para obras públicas etc.).

2.3 Como os munícipios podem contratar serviços, obras e bens[16]

A forma correta de se realizar compras públicas de serviços, obras e bens é por meio da licitação. Concluída a licitação, escolhido o vencedor, é firmado um contrato público entre o município e o contratado.

---

[16] Texto escrito pela advogada Ana Luiza Jacoby Fernandes.

A licitações possuem um regramento específico, com regras próprias para que se busque a proposta mais vantajosa para o município. E vantajosa não significa apenas o preço mais barato, mas – a depender do que se contrata – é importante aferir a qualidade técnica do objeto pretendido.

Além disso, a licitação é também um meio de fomento público, por isso, as regras deste processo podem privilegiar as pequenas empresas e microempreendedores, bens produzidos no país, entre outros.

A lei que disciplina as licitações e os contratos administrativos é, atualmente, a Lei nº 14.133/2021, no entanto, o Poder Legislativo Municipal tem competência para legislar sobre questões específicas e particulares relacionadas às licitações e contratos municipais.

A Ação Direta de Inconstitucionalidade (ADI) 927-3, julgada pelo Supremo Tribunal Federal (STF), também tem relevância nesse contexto. Nessa ação, o STF decidiu que a União pode legislar sobre normas gerais de licitações e contratos, mas não pode esvaziar a competência dos municípios em disciplinar questões específicas.

Dessa forma, é importante ressaltar que os municípios têm a prerrogativa de criar leis e regulamentos próprios que abordem peculiaridades regionais e atendam às necessidades locais em relação às licitações e contratos. Essas legislações municipais devem estar em consonância com as normas gerais estabelecidas pela União, de forma a garantir a harmonização entre as esferas de poder e a efetividade dos processos licitatórios e contratuais.

Além disso, o Poder Legislativo Municipal é responsável pela fiscalização e controle dos atos realizados pelo Poder Executivo no que diz respeito às licitações e contratos municipais. Essa função de fiscalização e controle fica a cargo dos vereadores, que têm o poder de acompanhar o cumprimento das leis e normas relacionadas a essas questões, assegurando a transparência, a legalidade e a eficiência dos processos licitatórios e contratuais no âmbito municipal.

Em suma, o Poder Legislativo Municipal detém a competência para legislar sobre licitações e contratos em âmbito local, desde que respeitadas as normas gerais estabelecidas pela União. Essa competência visa garantir a autonomia e a capacidade dos municípios de atender às demandas específicas de suas respectivas administrações públicas, promovendo a eficiência, a transparência e o cumprimento das normas vigentes.

2.4 O controle da gestão municipal

Para que a gestão cumpra seus objetivos gastando corretamente os recursos, existem diversas formas de controle, que é realizado por vários atores. A Câmara Municipal faz inicialmente esse controle, pois é o órgão que vota as leis orçamentárias e deve fiscalizar a sua execução.

Mas também existe o controle interno que é feito por um órgão municipal, que pode ter o nome de controladoria ou auditoria, criado por lei e fundamentado no art. 74 da CF. É um órgão que revisa os atos, bem como deve emitir parecer nas prestações de contas dos gestores.

Já o controle externo é realizado pelo próprio legislativo com o apoio do Tribunal de Contas, que é um órgão fundamentado nos artigos 70 a 75 da CF, na Constituição do respectivo Estado e em sua Lei Orgânica. O Tribunal de Contas é um importante órgão de fiscalização das contas públicas; no caso dos prefeitos emite um parecer prévio sobre a prestação de contas e o julgamento é realizado pela Câmara Municipal, que somente pode rejeitar o referido parecer pelo voto de dois terços de seus membros, nos termos do art. 31 da CF. Já os demais responsáveis por dinheiro e bens públicos (secretários municipais, presidentes de autarquias, membros da Mesa Diretora da Câmara Municipal e até particulares) são julgados diretamente pelo Tribunal de Contas, que poderá aplicar multa, obrigação de ressarcir ao erário e restrições para exercício de cargo público ou de participação em processo licitatório.

Outro órgão que pode fiscalizar a gestão pública, inclusive o dia a dia da atividade parlamentar é o Ministério Público, fundamentado no art. 127 a 130 da CF. É um órgão que não julga, mas tem um amplo poder de fiscalização e pode acionar o Poder Judiciário em defesa da sociedade. Muitas irregularidades ocorridas na gestão municipal, inclusive em Câmaras Municipais, foram descobertas e punidas a partir da ação de promotores de justiça.

O Poder Judiciário é um importante órgão de controle, fundamentado nos artigos 92 a 126 da CF, e também é o responsável pela decisão final. Mas, por regra geral, ele não atua de ofício, isto é, depende de provocação para agir. E essa provocação é feita pelo ingresso de ação judicial por iniciativa de particulares ou de órgãos públicos, representados por advogados. Caso seja algo em defesa da sociedade como um todo, deverá ser acionado pelo Ministério Público.

O controle social é o realizado pelo cidadão, pessoalmente ou por meio das entidades da sociedade civil. A sociedade tem o direito de acompanhar e fiscalizar a gestão pública, denunciando os atos irregulares e/ou ineficientes aos órgãos competentes. Isso foi muito facilitado a partir da obrigação de instituir portais de transparência, tanto pela Lei Complementar nº 101/2000 conhecida como Lei de Responsabilidade Fiscal (LRF), quanto da Lei nº 12.527/2011,[17] conhecida como Lei de Acesso à Informação (LAI). Todo esse assunto relativo à estrutura do poder local, ao orçamento público e ao controle da gestão pública dever ser objeto de um bom aprofundamento no caso do candidato ser eleito. Isso será um diferencial positivo para exercer um bom mandato.

---

[17] BRASIL. Lei nº 12.527, de 18 de novembro de 2011. Regula o acesso a informações previsto no inciso XXXIII do art. 5º, no inciso II do §3º do art. 37 e no §2º do art. 216 da Constituição Federal; altera a Lei nº 8.112, de 11 de dezembro de 1990; revoga a Lei nº 11.111, de 5 de maio de 2005, e dispositivos da Lei nº 8.159, de 8 de janeiro de 1991; e dá outras providências.

CAPÍTULO 3

AS FUNÇÕES DE UM VEREADOR

3.1 A importância de conhecer o papel de um vereador

É fundamental para um candidato a vereador ter bastante clareza das funções que são de responsabilidade do cargo que está disputando, principalmente para que possa elaborar propostas de trabalho a serem apresentadas ao eleitorado. E o ideal é que essas propostas estejam dentro das atribuições de um vereador. Propor milhares de coisas, independente de poder realizá-las ou não, pode, em determinados casos, conquistar os votos de alguns desavisados, mas também pode marcar o candidato como um demagogo, um promesseiro etc. Mesmo aqueles que conseguirem ser eleitos prometendo acima do que realmente tenham condições de fazer terão um fôlego curto, pois rapidamente os seus mandatos vão ser desmoralizados. Estes últimos costumam ser conhecidos como *vereadores de um mandato só*.

Grande parte da população desconhece quase que totalmente as funções de um vereador e o vê como uma pessoa que representa um determinado bairro e/ou que é responsável por trazer melhorias (principalmente obras). O vereador também é visto como aquele que irá conseguir, para quem votou nele, os mais diversos favores: emprego, caminhão de areia, ônibus para excursões, cesta básica, *jeitinho* para licenciar obras irregulares, ajuda para funeral, doações, patrocínios etc. Isso é sentido já pelos próprios candidatos que, a partir do momento da divulgação da sua candidatura, são abordados constantemente por dezenas de pessoas solicitando ajuda em troca do voto. E o pior é que muitos candidatos, iludidos com as promessas de votos dos eleitores, desfazem de todo o seu patrimônio durante a campanha, mas acabam tendo uma votação irrisória.

Seja pelo contexto histórico, seja pela ausência de uma educação mais voltada à cidadania, é certo que grande parte dos cidadãos desconhece o potencial concedido pela Constituição Federal ao Poder Legislativo Municipal para a organização da vida social, quais suas reais atribuições, composição e funcionamento, levando-os tão somente a cobrar dos Vereadores atitudes que são típicas do Poder Executivo, como a execução de obras e serviços públicos.[18]

Na realidade há uma grande confusão entre as atribuições do vereador e as do prefeito. Cabe a este último, como chefe do Poder Executivo, propiciar dentro do orçamento municipal – que é votado pela Câmara de vereadores, e é importante que também tenha sido previamente discutido com a comunidade – a execução das obras e outras melhorias de que o município necessita.

O apoio à população carente deve ser executado pelo Serviço Social da Prefeitura ou por outros órgãos estaduais e federais ou por entidades assistenciais. Além disso, é dever de todos lutar por uma sociedade mais justa, em que haja uma melhor distribuição de renda e, portanto, existam cada vez menos pessoas dependentes de favores.

Mas então, quais são as funções de um vereador?

Primeiro é importante ressaltar que o vereador faz parte de um colegiado que é a Câmara Municipal (Poder Legislativo Municipal). As principais funções da Câmara e, portanto, dos vereadores que a compõem, são: *legislar* (fazer as leis municipais) e *fiscalizar* o funcionamento do Poder Executivo Municipal (Prefeitura).

3.2 A função legislativa
Tipos de leis que são votadas na câmara

De acordo com a CF, em seu art. 30, I, compete aos Municípios "legislar em assuntos de interesse local". Embora haja muita controvérsia sobre a interpretação do que seja interesse local, podemos dizer que, em regra geral, o Município pode editar qualquer lei (para vigorar no seu território) que discipline o seu funcionamento interno,

---

[18] MAURANO, Adriana. *O poder legislativo municipal*. 2. ed. Belo Horizonte: Fórum, 2010. p. 14-15.

os direitos e obrigações de seus cidadãos, a estrutura funcional dos poderes Executivo e Legislativo, o orçamento municipal etc.

Entretanto, o Município não poderá estabelecer normas internas que contrariem o que está previsto nas leis maiores nem fazer leis que sejam de competência estadual ou federal. Assim sendo, o Município poderá editar uma lei para regular os direitos e deveres dos seus servidores, mas não poderá regular direitos e deveres dos trabalhadores da iniciativa privada, pois é de competência federal. Para um melhor entendimento da divisão de competências administrativas e legislativas entre a União, Estados, Distrito Federal e Municípios o caminho é procurar os fundamentos na CF, principalmente em seus artigos 20 a 31.

Para que tenham valor, as leis deverão ser aprovadas seguindo uma série de procedimentos, desde a sua apresentação até a sua plena vigência. Este conjunto de procedimentos é chamado de *processo legislativo*, que a CF disciplina em seus artigos 59 a 69 e que nos Municípios deve ser feito nos termos da Lei Orgânica do Município e no Regimento Interno da Câmara Municipal.

Basicamente, o processo legislativo municipal compreende a elaboração de: emendas à Lei Orgânica, leis complementares, leis ordinárias, resoluções e decretos legislativos.

Emendas à Lei Orgânica: feitas para alterar a Lei Orgânica do Município e exigem, para a sua aprovação, o voto de, no mínimo, 2/3 (dois terços) dos membros da Câmara, em 2 (dois) turnos separados por um intervalo mínimo de 10 (dez) dias. Exigem um *quorum* elevado, pois não devem ser feitas a todo momento, visto que a Lei Orgânica possui um caráter mais duradouro. Para entrarem em vigor, as emendas à Lei Orgânica não dependem da sanção do prefeito, bastando apenas a promulgação feita pela Mesa Diretora da Câmara Municipal.

Leis complementares: são leis, com numeração própria, que complementam o texto da Lei Orgânica. Somente são elaboradas e votadas para aquelas matérias que forem definidas pela Lei Orgânica como passíveis de serem regulamentadas por lei complementar. O *quorum* mínimo para a sua aprovação é da maioria absoluta dos membros da Câmara; além disso, dependem da sanção do prefeito. Em vários municípios, a Lei Orgânica não previu a existência de leis complementares.

Leis ordinárias: são as mais comuns e as que regulamentam grande parte das atividades do Município. Têm uma numeração própria e o *quorum* mínimo para a sua aprovação é definido pela Lei Orgânica do Município e pelo Regimento Interno da Câmara, podendo ser diferenciado de acordo com a importância da lei. Para entrarem em vigor, devem ser aprovadas pela Câmara e sancionadas pelo prefeito Municipal. Eis alguns exemplos de matérias que são reguladas por lei ordinária: orçamento municipal, lei de diretrizes orçamentárias, plano de cargos e salários, estatuto dos funcionários públicos municipais, plano diretor urbano, código de posturas, código tributário municipal, estrutura dos conselhos municipais, criação de cargos efetivos ou comissionados, denominação de ruas e outros logradouros públicos, etc. Entretanto, a Lei Orgânica do Município poderá estabelecer que algumas dessas matérias sejam reguladas por lei complementar.

Resoluções: são aquelas normas de interesse interno da Câmara Municipal, e a sua aprovação não gera efeitos externos. Para entrar em vigor, não dependem da sanção do prefeito. O Regimento Interno da Câmara é um exemplo de matéria que é regulada por resolução.

Decretos legislativos: são aquelas normas aprovadas pela Câmara Municipal e que geram efeito externo a ela, mas que não dependem da sanção do prefeito. Um dos exemplos mais conhecidos do uso do Decreto Legislativo é quando a Câmara Municipal afasta ou cassa o mandato do prefeito. Para fazer cumprir a sua decisão, a Câmara elabora, aprova e publica um Decreto Legislativo. É usado também para aprovação ou rejeição de contas do prefeito, bem como para a concessão de títulos honoríficos.

As várias etapas da tramitação de um projeto de lei

Cada tipo de projeto tem uma forma diferenciada de tramitação, descrita de maneira detalhada no Regimento Interno. Essas formas são diferenciadas, mas seguem uma estrutura comum em muitos aspectos.

Por exemplo, no caso de um projeto de lei ordinária, as etapas de tramitação são as seguintes: elaboração, apresentação, leitura, tramitação nas comissões, discussão, votação, redação final, sanção e publicação.

Elaboração: é a fase em que, antes de sua apresentação, um projeto é pensado, é discutido e são analisadas as suas possíveis repercussões. A elaboração é uma fase que não é disciplinada pelo Regimento Interno, pois cada um elabora da maneira que quiser. É claro que, quanto melhor elaborado, um projeto de lei tem mais chance de ser aprovado. Um projeto pode ser elaborado publicamente, através de uma ampla discussão, ou simplesmente por uma pessoa. Ao redigir é importante seguir as regras de técnica legislativa presentes na Lei Complementar nº 95/1998.

Apresentação: o primeiro passo após a elaboração de um projeto de lei é a sua apresentação, isto é, a sua entrada no protocolo da Câmara. É importante observar que alguns projetos, nos termos da respectiva Lei Orgânica, são de iniciativa privativa do prefeito ou da Mesa Diretora da Câmara Municipal. É o caso dos projetos que criam cargos, que aumentem os salários dos servidores, dentre outros.

Leitura: na primeira sessão ordinária após a apresentação de um projeto, é feita sua leitura durante uma fase da sessão conhecida como expedientes, nos termos do Regimento Interno da respectiva Câmara Municipal. Após a leitura, que é feita para dar publicidade, o projeto está pronto para continuar a sua tramitação. Caso o projeto não seja lido, há o risco de ele ficar parado na Câmara.

Tramitação nas comissões: o projeto de lei será encaminhado para a análise das várias comissões permanentes da Câmara. Primeiro passará pela Comissão de Justiça, que emitirá parecer (opinião) se o projeto respeita a CF e as demais leis maiores; a Comissão de Justiça não se manifesta sobre o mérito do assunto, apenas analisa o aspecto da constitucionalidade e legalidade da matéria. Caso o parecer da Comissão de Justiça seja contrário ao projeto, ele é rejeitado e arquivado, seja diretamente pela própria Comissão de Justiça ou após ser ouvido o Plenário, de acordo com o que prescrever o Regimento Interno. Com o parecer favorável da Comissão de Justiça, o projeto de lei tramitará pelas comissões que tenham afinidade com o assunto (por exemplo, um projeto sobre campanha educativa no trabalho de limpeza pública certamente passará pela comissão de educação, pela comissão de saúde e pela comissão de serviços públicos) as quais darão o parecer sobre o mérito da matéria.

Discussão: após as comissões emitirem parecer, o projeto de lei entrará na pauta da Ordem do Dia para discussão, que poderá ser feita em uma ou mais sessões. Nessa etapa (bem como em outras, tudo de acordo com o Regimento Interno), os vereadores podem apresentar emendas, subemendas e substitutivos ao referido projeto de lei. A emenda é a proposta de alteração em parte do projeto. A subemenda é a proposta de alteração de uma emenda já apresentada pelo mesmo vereador ou por outro. Já o substitutivo é utilizado quando, por serem tantas as modificações apresentadas, é melhor apresentar um novo projeto em vez de serem feitas inúmeras emendas.

Votação: encerrado o processo de discussão (que pode ter durado mais de uma sessão), o projeto entra em fase de votação. De acordo com o tipo de matéria, o Regimento Interno determinará qual é o *quorum* para sua aprovação, bem como o tipo de votação, que pode ser simbólica, nominal ou secreta. *Simbólica* é aquela votação rápida na qual não são computados os votos de um a um dos vereadores; o presidente da Câmara pode falar, por exemplo, "os vereadores que são favoráveis à matéria permaneçam como estão!". Contam-se os votos dos que ficaram sentados (favoráveis) e dos que se levantaram (contrários), vencendo a maioria. Já na *votação nominal*, um dos secretários da Mesa Diretora chama vereador por vereador para que cada um, em alto e bom som, diga *SIM* ou *NÃO* ao projeto, sendo também possível a votação eletrônica que é publicada em um painel. Na *votação secreta* também os vereadores são chamados a votar um a um, depositando o voto numa urna, de forma manual ou eletrônica, que será apurada logo depois de encerrado o processo de votação. O correto seria a votação secreta ser abolida por completo das Câmaras, pois o povo tem o direito de saber como os seus representantes estão votando. O projeto é votado e depois são votadas as suas emendas. Caso o projeto seja rejeitado, ele será arquivado.

Redação final: caso sejam aprovadas emendas, o projeto volta para a Comissão responsável pela redação (geralmente, a Comissão de Justiça) a fim de elaborar a redação final que será votada na sessão seguinte. A partir da redação final de um projeto, é elaborado o autógrafo de lei, que será enviado posteriormente ao prefeito.

Sanção ou veto: o autógrafo de lei é enviado ao prefeito, que tem geralmente o prazo de 15 (quinze) dias úteis para sancionar (concordar) ou para vetar (discordar de) o projeto, agora batizado de autógrafo de lei. Passando o prazo regulamentar e não havendo pronunciamento do prefeito, o silêncio importa sanção, podendo a Câmara promulgar diretamente a lei.

Publicação: após sancionar a lei, cabe ao prefeito numerá-la e encaminhá-la para publicação no Diário Oficial ou em jornal de circulação no respectivo Município. A lei entrará em vigor na data em que nela estiver prescrita. Não havendo indicação da data em que entrará em vigor, a vigência iniciar-se-á após 45 (quarenta e cinco) dias de sua publicação, nos termos do art. 1º da Lei de Introdução às Normas do Direito Brasileiro.

No caso de veto: o veto pode ser parcial ou total. Sendo parcial, o prefeito sanciona a parte não vetada e a encaminha para publicação. A parte vetada, seja ela total ou parcial, volta à Câmara para nova apreciação. Se a Câmara mantiver o veto do prefeito, a matéria será arquivada. Caso rejeite o veto, a matéria é enviada ao prefeito, que tem o prazo de 48 (quarenta e oito) horas) para a promulgação. Caso o prefeito não promulgue a lei, quem deverá fazê-lo é o presidente da Câmara.

3.3 A função fiscalizadora

A administração pública, que no caso do município é exercida pelo prefeito, é a responsável por proporcionar bons serviços à comunidade, além de garantir a execução das leis. Para isso, ela recebe recursos, seja dos tributos que pagamos, seja de outras fontes, e os gasta das mais variadas formas: contrata funcionários, paga empreiteiras para realizar obras públicas, paga aos fornecedores de materiais, para citar apenas alguns exemplos. Mas para que não haja desvio de finalidade em suas realizações, é necessário que ela seja constantemente fiscalizada. E há vários órgãos responsáveis por isso, como é o caso do Tribunal de Contas do Estado, do Ministério Público, da própria polícia por meio das Delegacias Especializadas em Crimes Contra a Administração Pública etc. Entretanto, a instituição que mais importância tem na fiscalização da administração pública municipal, tendo inclusive sido eleita pelo povo para isso, é a Câmara Municipal.

O vereador, sozinho ou em conjunto com os demais vereadores, deve ser um fiscal atento a tudo que acontece na administração municipal e deve denunciar tudo aquilo que encontrar de errado, bem como propor medidas para corrigir os erros e punir os responsáveis. Também deverá fiscalizar a atuação da própria Câmara Municipal.

Para exercer a função fiscalizadora, existem vários instrumentos que estão à disposição dos vereadores. Um desses instrumentos é o *Requerimento de Informações* no qual o vereador pode solicitar ao prefeito, por meio de um documento formal, qualquer informação sobre a administração pública municipal, exceto aquelas que, por dispositivo legal, estejam protegidas por sigilo e que só poderão ser fornecidas mediante requisição judicial. O prefeito pode até ter seu mandato cassado caso não responda aos requerimentos de informações.

Caso a Câmara queira investigar alguma denúncia com mais profundidade, poderá criar uma *Comissão Parlamentar de Inquérito (CPI)* que terá maiores poderes de investigação. Se o relatório aprovado pela CPI indicar os culpados, a Câmara deverá tomar as providências necessárias para puni-los. Havendo crime de responsabilidade do prefeito a Câmara poderá afastá-lo do mandato para julgá-lo, podendo declarar a perda do cargo, mas seguindo os procedimentos legais, sendo que os vereadores também podem ser alvo de processo por falta de decoro Havendo crime comum do prefeito, vereador ou qualquer outro cidadão, o relatório da CPI deverá ser encaminhado ao Ministério Público, que promoverá a denúncia no Poder Judiciário.

O Vereador pode também encaminhar denúncias de irregularidades no Município diretamente ao Ministério Público, ao Tribunal de Contas ou a qualquer outro órgão responsável pela apuração das mesmas, bem como ingressar com processo judicial contra o Município ou os seus dirigentes, para que se corrija algum erro apontado.

Embora a função fiscalizadora seja de suma importância, ela acaba sendo pouco utilizada pela maioria dos vereadores que, para ficar bem relacionada com o prefeito Municipal, abre mão de fiscalizar a administração pública, não tomando nenhuma providência a fim de evitar que as irregularidades sejam cometidas. Ao abrir mão de sua função fiscalizadora, o vereador medíocre espera conseguir do prefeito apoio para manter os favores ao seu eleitorado. Em troca de migalhas, muitos vereadores permitem que os prefeitos façam administrações desastrosas nos municípios, ficando a maioria da população seriamente prejudicada. Espera-se que, a cada eleição, sejam escolhidos vereadores com uma nova mentalidade, o que contribuirá em muito para a construção de uma sociedade mais justa.

3.4 Outras funções do vereador

Além de legislar e fiscalizar, que são as duas funções mais importantes de um vereador (as quais absorvem muito do seu tempo se o mesmo for um parlamentar dedicado), existem outras funções. Uma delas, e que é inerente à função fiscalizadora, é a de *julgar* as contas do prefeito Municipal a partir do parecer prévio emitido pelo Tribunal de Contas do respectivo Estado. Caso as contas do prefeito forem rejeitadas pela Câmara, ele ficará inelegível por um período de 8 anos, nos termos do art. 1º, I, "g" da Lei Complementar 64/1990,[19] com a redação da Lei Complementar 135/2010,[20] conhecida como Lei da Ficha Limpa.

Mas existem outras que podem ser exercidas pelo vereador e com certeza, enriquecerão muito o seu mandato. Dentre elas, podemos citar:
- Uso da *Tribuna* da Câmara como um local para debate, não somente das questões que envolvem o município, mas também para discussão de assuntos que envolvam o Estado e o País. Em Câmaras mais modernas que já adotaram o instituto da *Tribuna Livre* é comum o convite a lideranças do município ou de fora para enriquecerem o debate;
- Administração da Câmara Municipal, que será delegada a uma Mesa Diretora eleita pelos vereadores a cada biênio;
- Sugestões ao prefeito Municipal, embora o vereador não seja membro do Poder Executivo. Em muitas Câmaras o instrumento para fazer isso é conhecido como projeto de *indicação*;
- Concessão de *títulos honoríficos* a pessoas que tenham se destacado nas várias atividades (política, esportiva, cultural, sindical, empresarial, religiosa e simliares);

---

[19] BRASIL. Lei Complementar nº 64, de 18 de maio de 1990. Estabelece, de acordo com o art. 14, §9º da Constituição Federal, casos de inelegibilidade, prazos de cessação, e determina outras providências.
[20] BRASIL. Lei Complementar nº 135, de 4 de junho de 2010. Altera a Lei Complementar nº 64, de 18 de maio de 1990, que estabelece, de acordo com o §9º do art. 14 da Constituição Federal, casos de inelegibilidade, prazos de cessação e determina outras providências, para incluir hipóteses de inelegibilidade que visam a proteger a probidade administrativa e a moralidade no exercício do mandato.

- Proposição de *moção de aplauso* a pessoas ou a fatos positivos ou *moção de repúdio* a pessoas ou a fatos negativos. Isso equivale a pronunciamento coletivo da Câmara a respeito de um determinado assunto;
- Trabalho sintonizado com os *movimentos sociais* (movimentos comunitários, sindicatos, movimento estudantil etc.) incentivando-os a se organizarem cada vez mais e mantendo-os informados sobre os assuntos que estão sendo debatidos no Legislativo Municipal. Também é importante a participação do vereador nas atividades promovidas por essas entidades.

CAPÍTULO 4

A DECISÃO POLÍTICA DE SER CANDIDATO

Devido ao fácil acesso que qualquer cidadão tem às eleições para vereador, concorrem no Brasil centenas de milhares de candidatos, muitos dos quais são despreparados para a função (não confunda preparo para a função com escolaridade) ou nunca participaram de um partido político, recorrendo à filiação de última hora para serem candidatos. Na realidade muitos sonham com *status* ou com ascensão social. Mas como, por uma questão até de ordem matemática, a estrondosa maioria dos candidatos não se elege (e mesmo grande parte dos que se elegem não conseguem realizar os seus *sonhos*), há um processo de decepção generalizada por parte deles com a atividade política. Registre-se que muitos dos quais não foram eleitos para o cargo de vereador poderiam exercer outras atividades sociais e não deixar represado um enorme potencial que possuem.

Esse processo de decepção também atinge aqueles candidatos com uma preparação melhor e que têm consciência de que o exercício do mandato eletivo deve ser encarado como um serviço à comunidade. Nesse caso muitos acabam também se iludindo com o poder e desviando-se do seu projeto original. Outros, embora mais firmes, mesmo assim se decepcionam, pois não é tarefa fácil realizar uma campanha de forma séria quando a maioria da população aborda o candidato pedindo favores em troca de votos.

Isso acontece com frequência porque a decisão em sair candidato acaba sendo malfeita e muitas pessoas se lançam candidatas sem estar prontas para tal, enquanto outras, talvez até melhor preparadas, não se candidatam pelos mais diversos motivos.

Neste capítulo serão refletidas algumas considerações de caráter político sobre a decisão de ser candidato ou candidata, e como encará-la. Também serão expostos os requisitos legais para que um cidadão seja candidato a vereador.

4.1 Tomando a decisão de ser ou não ser candidato

A decisão política de ser candidato não é fácil de ser tomada por vários motivos. Primeiro, porque uma candidatura exige muita disponibilidade da pessoa, principalmente durante a campanha eleitoral, o que pode comprometer a sua vida familiar ou profissional, além do que, por mais barata que seja uma campanha, sempre haverá um dispêndio por parte do candidato. Segundo, porque quem sai candidato sofre um certo preconceito por parte das pessoas, devido à grande despolitização existente na sociedade, pela qual muitas vezes o candidato é visto como aproveitador, mesmo que não seja. Terceiro, porque há sempre aquela dúvida se é o momento propício ou não para a disputa de um cargo público.

Vale a pena ressaltar também que a decisão política de ser candidato não cabe simplesmente à pessoa, mas também ao partido que poderá escolhê-la ou não em Convenção (realizada no período de 20 de julho a 5 de agosto do ano em que acontecem as eleições, nos termos do art. 8º da Lei nº 9.504/1997,[21] com a redação da Lei nº 13.165/2015).[22]

Não há uma receita pronta e acabada que possibilite levar alguém a decidir com firmeza se será candidato ou não. Mas existem algumas pistas que, se observadas e refletidas, podem contribuir com a decisão:
– É necessário *conhecer* bem as funções de um vereador e sentir-se preparado para exercê-las;
– O candidato deve ser alguém que já acompanha o *processo político* municipal há algum tempo e que já participe ou seja simpatizante de um partido político. Não adianta simplesmente filiar-se na última hora apenas porque a lei só permite que as pessoas se candidatem via partido político. Alguém que

---

[21] BRASIL. Lei nº 9.504, de 30 de setembro de 1997. Estabelece normas para as eleições.
[22] BRASIL. Lei nº 13.165, de 29 de setembro de 2015. Altera as Leis nºs 9.504, de 30 de setembro de 1997, 9.096, de 19 de setembro de 1995, e 4.737, de 15 de julho de 1965 - Código Eleitoral, para reduzir os custos das campanhas eleitorais, simplificar a administração dos Partidos Políticos e incentivar a participação feminina.

combata os partidos políticos não deve ser candidato, pois esta tese, embora tenha aparente popularidade, cai facilmente no vazio. Além disso, há uma tendência que a nossa legislação fortaleça o instituto da fidelidade partidária;

- A pessoa deve ser *comunicativa*, já que uma disputa eleitoral exige o contato direto com a população. Uma pessoa altamente tímida e introvertida terá inúmeras dificuldades, mas que são superáveis;

- É também importante que o candidato apresente uma *atuação social* significativa que o tenha tornado razoavelmente conhecido, pois numa campanha eleitoral não há lugar para o anonimato. O monitoramento da repercussão de suas postagens em rede social é um bom indicador para saber se o seu nome e também as suas ideias repercutem bem tanto de forma qualitativa quanto quantitativa;

- Além de ser bem conhecido é importante que o candidato tenha um significativo *grupo de apoio*; isto é, pessoas disponíveis para, além de votar no candidato, contribuir voluntariamente com a campanha. Deve-se tomar cuidado com os apoiadores *fogo-de-palha* que incentivam a candidatura, mas depois desaparecem. Se um pré-candidato a vereador perceber que ele não consegue reunir um grupo de apoio mínimo é melhor que não saia candidato;

- Realizar uma consulta à família também é um fator importante no momento da decisão, pois é um apoio essencial não somente para as atividades da campanha propriamente dita, mas principalmente no dia a dia das atividades particulares que o candidato ficará um pouco ausente durante a campanha e nada melhor do que familiares para substituí-lo ou representá-lo.

- Também é importante avaliar se na sua *base eleitoral*, que pode ser um bairro, uma região do município, uma escola ou uma categoria profissional, já existe um elevado número de candidatos, inclusive do seu próprio partido e com atuação semelhante à sua. Muitos candidatos excelentes já foram pouco votados porque nos seus redutos eleitorais havia excesso de candidatos. Mas esse excesso por si só não pode ser um motivo para a desistência de uma candidatura porque, se dentre esses inúmeros candidatos não houver nenhum que tenha propostas semelhantes às suas é importante manter a candidatura, pois

eleição não é simplesmente uma disputa de nomes, mas, sobretudo, uma disputa de ideias;
- É também necessário avaliar se a candidatura trará prejuízos de ordem profissional, familiar ou financeira de difícil reparação. Para a campanha eleitoral, um candidato poderá gastar, no máximo, uma parcela do seu salário e de outros rendimentos que não façam falta no seu orçamento familiar ou contar com o apoio financeiro, vindo de maneira legal, de pessoas que acreditam no seu potencial de trabalho, mas sempre com respeito aos limites impostos pela legislação eleitoral. *Se alguém pensa em vender parte de seu patrimônio para custear uma campanha, não deve ser candidato;*
- Caso o pré-candidato seja servidor público, será importante verificar sobre a necessidade de desincompatibilização do cargo para a campanha eleitoral, o que depende da natureza e local de trabalho, assunto que será melhor explicado no subitem 4.4. Também deverá observar, caso eleito, se poderá ou não acumular o seu cargo anterior, bem como a remuneração deste, com a de vereador, além de outras proibições e incompatibilidades que o mandato pode acarretar, conforme será abordado na Capítulo 16.
- Eleição não pode representar ascensão social. Divulga-se por aí que os vereadores têm ganhos milionários e outras inúmeras vantagens. Na realidade, isso só ocorre em municípios maiores, sendo que na maioria dos municípios os vereadores têm remuneração baixa. Em regra, os vereadores ganham sim mais do que a maioria dos trabalhadores, mas não é uma fortuna. Isso sem contar que existem limites constitucionais para a remuneração dos vereadores e para os gastos das câmaras municipais. Quanto menor o município, menor será sua remuneração. Se em algum município os vereadores estiverem ganhando mais do que os limites previstos na CF, cabe a qualquer cidadão ingressar com um processo judicial contra a respectiva Câmara de vereadores ou representar ao Ministério Público para que este o faça ou também denunciar ao respectivo Tribunal de Contas. Muitos candidatos gastam verdadeiras fortunas em campanhas eleitorais e nunca irão recuperá-las com o salário de vereador. Na realidade, parte deles recupera esse dinheiro em dobro praticando atos

de corrupção, principalmente vendendo o seu mandato e defendendo os privilegiados;
- Avalie bem se pode ser mais útil em outra *função social*, seja no movimento comunitário de seu bairro, seja na entidade de categoria profissional ou empresarial, na entidade estudantil de sua escola ou outra entidade, governamental ou não, em que atue. Pense bem se uma disputa eleitoral prematura pode atrapalhar a sua atuação num desses setores, que são vitais para um bom funcionamento (inclusive político), da sociedade. A disputa político-eleitoral não é a única forma de participar do processo político;
- No caso de o postulante à candidatura de vereador ser um *dirigente partidário*, é importante que ele avalie qual é a forma em que será mais útil para o respectivo partido. Ele pode ser, por exemplo, a pessoa mais indicada para coordenar a campanha do candidato majoritário (prefeito). Caso esse dirigente saia candidato a vereador, ele poderá ficar dividido nas funções e acabar não fazendo bem nenhuma delas;
- Para ter um relativo sucesso eleitoral num município, é necessário que o candidato já possua *residência* no mesmo há algum tempo e que sua vida profissional e social seja baseada prioritariamente ali. A pessoa que usa a sua cidade apenas como "dormitório" e tem a sua vida profissional e social em outro município terá pouco fôlego eleitoral.

Algumas das pistas aqui colocadas podem parecer até óbvias e são de fato, se encaradas de maneira isolada. Entretanto, ao serem analisadas de forma conjunta, darão ao pré-candidato condições de fazer uma avaliação prévia que pode contribuir com a sua decisão. Alguns desses critérios (afora aqueles de natureza mais pessoal, é claro) também podem ser usados pelos partidos políticos no momento de selecionar os seus candidatos, já que a disputa partidária interna é geralmente grande.

4.2 A candidatura à reeleição

Caso a pessoa já exerça o mandato de vereador, é importante que, além das reflexões sugeridas anteriormente, ele pondere também sobre outros aspectos na hora de decidir se será ou não candidato.

Um aspecto importante a ser refletido é como está sendo desempenhado o mandato e se ele conta com apoio popular. Para aferir isso é importante reunir-se com o grupo de apoio do mandato ou, na inexistência dele, com as pessoas mais próximas, em conjunto também com os dirigentes partidários, a fim de fazer uma avaliação dos trabalhos desenvolvidos e da aceitação dele por parte da população. Muitas vezes ocorre que é feito um trabalho belíssimo, que não sendo divulgado ou bem compreendido, incorre num insucesso eleitoral. O monitoramento da repercussão das postagens em rede social também proporciona uma dimensão se o mandato está sendo bem aceito ou não.

Outro fator a ser considerado é que, numa candidatura a reeleição, as cobranças são muito maiores. Isso porque o candidato, que agora se apresenta, já foi vitorioso nas urnas e assumiu uma parcela do poder municipal. Com isso a população terá uma tendência para culpá-lo pelos problemas da cidade, mesmo que ele não seja o culpado. A carência de informações sobre as verdadeiras funções de um vereador contribui para que a população tenha esse tipo de avaliação.

Também deve ser levado em conta que o mandato político não é uma profissão e sim uma missão temporária que a pessoa assume buscando representar um segmento da sociedade e trabalhando pelo bem comum. Para dar continuidade ao trabalho que já foi iniciado, outras pessoas poderão assumir o papel de quem hoje exerce mandato, evitando também que uma só pessoa possa monopolizar o poder. Diante disso, é importante que seja incentivado, ao contrário do que como ocorre muito, o surgimento de novas lideranças. Entretanto, caso o mandato tenha um bom desempenho, dentro dos padrões éticos, é importante que o seu titular dispute a reeleição.

Devido ao que foi julgado pelo a STF na ADI 2530,[23] foi declarado inconstitucional o §1º do artigo 8º da Lei nº 9.504/97 que garantia a *candidatura nata*. Diante disso, é necessário para quem já exerce o mandato de vereador, também disputar a convenção partidária para garantir uma vaga como candidato a reeleição, podendo o partido não permitir a candidatura. Isso é muito difícil de acontecer, pois em regra quem tem mandato costuma ter prioridade na formação de legendas, mas não há garantia legal da candidatura.

Quem exerce o mandato de vereador e deseja trocar de partido, sem risco de perder o mandato, poderá fazê-lo entre os dias 7 de março

---

[23] Disponível em: https://portal.stf.jus.br/processos/detalhe.asp?incidente=11928.

e 5 de abril de 2024, nos termos da Lei nº 9.096/1995, art. 22-A, III. É a chamada *janela partidária*.

Pelo que foi até aqui relatado percebe-se que uma candidatura à reeleição encontra muitas dificuldades, embora não seja difícil superá-las, principalmente pelo fato de a pessoa que já exerce um mandato ter mais experiência acumulada para enfrentar os desafios. Além disso, o seu nome e os trabalhos realizados já serão minimamente conhecidos da maioria da população, o que pode facilitar a divulgação de sua candidatura.

4.3 Conhecendo a estrutura da legislação partidária e eleitoral

Tomada a decisão em favor de assumir uma candidatura, é importante conhecer como está estruturada a legislação partidária e eleitoral, para que o candidato possa ter facilidade em ler e conhecer as regras a que estará sujeito.

Vários candidatos, homens e mulheres, com bom potencial eleitoral e de boa-fé já tiveram dificuldades, e até mesmo não puderam ser candidatos e também sendo eleitos não conseguiram tomar posse devido a problemas com a legislação eleitoral e partidária. Diante disso, é bom entendê-la e aqui está explicado de uma maneira simples para que alguém, mesmo sendo principiante no assunto, consiga ler e entender os principais pontos da legislação eleitoral. E existem alguns pontos que devem ser observados mesmo antes da pessoa ser candidata.

Existem candidatos que são advogados atuantes, mas em áreas diferentes da eleitoral e não conhecem as particularidades desse ramo do direito e também precisam se orientar sobre o assunto.

É claro que em alguns casos mais específicos, especialmente no caso de recursos à Justiça Eleitoral será imprescindível a contratação de um advogado. Alguns candidatos têm até condição de contratar uma assessoria jurídica para acompanhá-los durante todo o processo eleitoral, mas nem todos possuem essa condição.

A intenção aqui não é transcrever e explicar toda a legislação eleitoral, pois isso dependeria de uma obra específica. Na realidade o objetivo principal é proporcionar ao candidato, e a qualquer interessado em conhecer melhor o processo eleitoral do ponto de vista jurídico, uma visão panorâmica do direito eleitoral. Isso facilitará que procure o instrumento adequado no momento que for necessário.

Segundo Marcelo Abelha Rodrigues e Flávio Chein Jorge "Uma visão panorâmica do direito eleitoral se inicia, obviamente, pelo texto constitucional, qual seja, a norma hierarquicamente superior no nosso ordenamento jurídico".[24]

O Direito Eleitoral é fundamentado na CF em três situações: artigos *14 a 16 (direitos políticos), 17 (partidos políticos) e 118 a 120 (Organização da Justiça Eleitoral)*, sem prejuízo dos dispositivos que cuidam dos poderes executivo e legislativo, cuja investidura de seus membros é pelo processo eleitoral. Uma simples leitura dos referidos dispositivos constitucionais nos traz os fundamentos do referido ramo do direito e que são de difícil alteração, pois o quórum para emenda constitucional é de três quintos dos membros de cada casa legislativa do Congresso Nacional.

Vale ressaltar que houve uma emenda constitucional recente, que é a EC 111, de 18 de setembro de 2021,[25] e que adicionou os §§13 e 14 ao art. 14 da Constituição Federal, prevendo a possibilidade de ocorrerem, concomitantemente às eleições municipais, consultas populares sobre questões locais aprovadas pelas Câmaras Municipais e encaminhadas à Justiça Eleitoral até 90 (noventa) dias antes da data das eleições, observados os limites operacionais relativos ao número de quesitos.

Há dois assuntos em que a CF traz a previsão da *necessidade de lei complementar*: um são os casos de inelegibilidade (art. 14 §9º da CF) e o outro é a organização e competência da Justiça Eleitoral (art. 121 da CF).

A Lei nº 4737/1965,[26] conhecida como *Código Eleitoral*, mesmo sendo uma lei anterior à CF-88, ainda tem artigos em vigor, mas é importante consultá-la comparando com as leis posteriores, bem como a doutrina e a jurisprudência. É uma lei formalmente ordinária, mas na parte que trata sobre a organização da Justiça Eleitoral é materialmente complementar, porém no restante é também materialmente ordinária. Uma parte importante da referida lei é a tipificação dos crimes eleitorais.

A Lei Complementar nº 64/1990 é conhecida como *Lei das Inelegibilidades* e nela estão prescritas as situações em que uma pessoa não pode ser candidata, bem como as regras procedimentais para impedir candidaturas de pessoas inelegíveis. A Lei Complementar nº 135/2010,

---

[24] RODRIGUES, Marcelo Abelha; JORGE, Flávio Chein. *Manual de direito eleitoral*. São Paulo: Revista dos Tribunais, 2014. p. 146.
[25] Disponível em: https://www.planalto.gov.br/ccivil_03/constituicao/Emendas/Emc/emc111.htm#art1.
[26] BRASIL. Lei nº 4.737, de 15 de julho de 1965. Institui o Código Eleitoral.

conhecida como *Lei da Ficha Limpa*, fez diversas alterações na Lei das Inelegibilidades, aumentando o seu rigor, principalmente para os condenados por órgãos colegiados.

Importante observar a alteração feita pela Lei Complementar 184, de 29 de setembro de 2021,[27] resultando no seguinte: dos que tiverem contas julgadas irregulares, somente serão inelegíveis aqueles que sofrerem imputação de débito, que é a sanção aplicada a quem comete dano ao erário, não sendo alcançados pela inelegibilidade os que sofrerem sanção apenas de multa.

A Lei nº 9.096/1995,[28] conhecida como *Lei dos Partidos Políticos*, regulamenta o art. 17 da CF-88 estabelecendo várias regras para funcionamento dos partidos políticos, como é o caso de sua criação, do seu funcionamento parlamentar, da prestação de contas, do uso do fundo partidário etc. Vale ressaltar que cada partido político deverá ter o seu Estatuto cuja observância é obrigatória por todos os seus filiados, salvo naquilo que extrapolar a lei.

A Lei nº 9.504/1997[29] é conhecida como *Lei das Eleições*. Antes dessa lei, a cada biênio era editada uma lei regulamentando por completo as eleições do ano seguinte. Já a Lei nº 9.504/1997 veio com o propósito de ser uma lei permanente para disciplinar o processo eleitoral. Entretanto, a cada biênio a referida lei tem sofrido significativas alterações. Essa lei disciplina as coligações, as convenções partidárias, a propaganda no rádio e televisão, a prestação de contas, dentre outros assuntos. Pode ser considerada a lei mais importante para quem atua no processo eleitoral, pois regula o antes, o durante e o depois das eleições.

Outra fonte importante são as *Resoluções do Tribunal Superior Eleitoral (TSE)* e que são decorrentes do poder normativo da Justiça Eleitoral. Em regra, são editadas de dois em dois anos e basicamente consolidam num texto único a legislação eleitoral sobre determinado assunto adicionando pontos de regulamentação, alguns específicos para a eleição a que se destinam, inclusive editando um *calendário eleitoral* específico para cada ano que tenha eleições. Também é importante registrar que os Tribunais e Juízes Eleitorais podem expedir medidas administrativas dentro de suas circunscrições eleitorais.

---

[27] Disponível em: https://www.planalto.gov.br/ccivil_03/leis/lcp/Lcp184.htm#art1.
[28] BRASIL. Lei nº 9.096, de 19 de setembro de 1995. Dispõe sobre partidos políticos, regulamenta os arts. 17 e 14, §3º, inciso V, da Constituição Federal.
[29] BRASIL. Lei nº 9.504, de 30 de setembro de 1997. Estabelece normas para as eleições.

Registre-se também que, como em qualquer área do direito, devem ser consultadas a *doutrina* e a *jurisprudência* sobre temas eleitorais. A primeira se refere a livros e artigos científicos escritos por especialistas na área comentando o assunto. A segunda se refere às decisões reiteradas dos tribunais. A consulta permanente sempre é importante, pois a todo o momento existem surpresas provocadas por mudança de entendimento do Poder Judiciário.

Para facilitar que os candidatos e outros interessados no processo político consultem as principais leis eleitorais é que está disponibilizado no Apêndice deste livro os *sumários* das Leis nºs 9.504/1997 (Lei das eleições), 4735/1965 (Código Eleitoral) e 9.096/1995 (Lei dos partidos políticos). Como são leis muito amplas em termos de assuntos a consulta ao sumário facilita que se encontre o que está sendo procurado. Não foi inserido sumário da Lei Complementar nº 64/1990 (lei das inelegibilidades), pois é uma lei com menos artigos e com praticamente um único assunto, muito embora com diversos detalhes e dúvidas de interpretação.

Também deverão ser consultadas as resoluções editadas pelo Tribunal Superior Eleitoral (TSE), em que vários aspectos das eleições são regulamentados, sendo que a que deve ser lida da maneira prioritária e completa é a relativa ao *calendário eleitoral*, pois ela descreve, de maneira muito didática, as principais obrigações em cada momento do ano das eleições.

É importante *acompanhar no site do TSE* as resoluções e demais publicações. Inclusive, as instruções relativas às eleições municipais de 2024 foram publicadas em 1º de março de 2024, nos termos da Lei 9.504/1977, art. 105, *caput* e §3º.

Ressalto que o que foi abordado aqui foi mais no sentido de se dar uma visão geral das normas que disciplinam as eleições, principalmente para quem está começando agora como candidato. Mas o que está aqui escrito não substitui uma leitura atenta da legislação eleitoral como um todo, pois existem detalhes aplicáveis a determinadas situações, há mudanças, inclusive de entendimento por parte dos tribunais, além de novas situações que podem aparecer e que exigirão um grande esforço de interpretação.

4.4 Requisitos legais para ser candidato(a) a vereador(a)

Antes mesmo de um pré-candidato fazer uma análise política sobre a viabilidade e a oportunidade de sua candidatura, é importante que ele confira se possui os requisitos legais para ser candidato a vereador. Uma candidatura que não cumpra esses requisitos poderá ser facilmente impugnada por um partido adversário ou pela própria Justiça Eleitoral.

Para conhecer bem esses requisitos, faz-se necessária uma leitura atenta dos artigos 14 a 16 da CF, da Lei Complementar nº 64/90 (Lei de Inelegibilidades) e da própria Lei nº 9.504/97 (que estabelece normas para as eleições). Em alguns casos mais complexos poderá ser preciso uma consulta a outras leis, bem como a Doutrina (textos e livros escritos sobre o assunto) e a Jurisprudência (decisões judiciais reiteradas sobre um determinado assunto). Persistindo a dúvida o partido político pode fazer uma consulta à Justiça Eleitoral, nos termos do art. 30, VIII do Código Eleitoral e do Regimento Interno do respectivo Tribunal Regional Eleitoral (TRE).

Para que uma pessoa seja candidata a vereador, é necessário que cumpra basicamente os seguintes requisitos:

I - A nacionalidade brasileira (o candidato pode ser brasileiro nato ou naturalizado);

II - O pleno exercício dos direitos políticos (o art. 15 da CF enumera os casos em que eles podem ser cassados ou suspensos);

III - O alistamento eleitoral;

IV - O domicílio eleitoral, na circunscrição em que será candidato, desde pelo menos seis meses antes do pleito;

V - A filiação partidária deferida pelo respectivo partido político, desde pelo menos seis meses antes do pleito;

VI - A idade mínima de 18 anos, que é aferida na data limite para o pedido de registro (15 de agosto do ano que ocorrer às eleições);

VII - Ser alfabetizado;

VIII - O não parentesco consanguíneo ou afim, até o segundo grau ou por adoção, ou cônjuge, do Prefeito do Município onde irá concorrer, do Governador do Estado ao qual o respectivo Município pertencer ou do Presidente da República, ou quem os haja substituído dentro de seis meses anteriores ao pleito. A única exceção a essa regra é o caso de quem já exerce mandato e é candidato a reeleição;

IX - A renúncia ao cargo, no mínimo com seis meses de antecedência ao pleito, no caso de Prefeito, Governador de Estado e Presidente da República, que queiram concorrer a Vereador.

Deverá o candidato observar o Estatuto do Partido Político, pois ele pode ter prazo maior para filiação partidária, nos termos do art. 20 da Lei 9.096/1995, mas não valendo para esse fim a alteração estatutária realizada no ano da eleição. Vale registrar que existe uma decisão do TSE prescrevendo que "O art. 20 da Lei nº 9.096/95 somente veda, em ano eleitoral, que se proceda, por alteração estatutária, ao aumento do prazo mínimo de filiação, mas não à sua redução. Pet nº 403-04/DF, Rel. Min. Gilmar Mendes, julgado em 8.9.2016".[30]

Além desses requisitos, devem ser observados alguns impedimentos que podem causar a inelegibilidade do candidato. Exemplo disso é o caso de membros do Poder Executivo ou Legislativo que perderam seus cargos por infringência a dispositivo constitucional ou de lei orgânica e os que tiveram as contas rejeitadas. Esses, e outros inúmeros casos, estão especificados na Lei Complementar 64/90 (Lei das Inelegibilidades). Os candidatos que forem militares deverão seguir o que está prescrito no art. 14, §8º da CF.

Caso o candidato seja servidor público, estatutário ou não, de órgão ou entidade da Administração Direta ou Indireta da União, dos Estados, do Distrito Federal, dos Municípios e dos Territórios, inclusive das fundações mantidas pelo Poder Público, será também necessário o seu *afastamento prévio*. Entretanto, está garantida a percepção dos seus vencimentos integrais, nos termos da alínea l, do inciso II, art. 1º Lei Complementar nº 64/1990. Entretanto, quem exerce cargo em comissão deverá ser exonerado e não simplesmente afastado. Caso o servidor que exerça cargo em comissão também seja servidor efetivo ele deverá ser exonerado do cargo em comissão e retornar ao cargo efetivo e neste ficará afastado com direito aos seus vencimentos.

É preciso igualmente o afastamento prévio caso o candidato exerça cargo ou função de direção, administração ou representação em entidades representativas de classe, mantidas, total ou parcialmente, por contribuições impostas pelo Poder Público com recursos arrecadados e repassados pela Previdência Social.

---

[30] GONÇALVES, Luiz Carlos dos Santos. *Direito eleitoral*. São Paulo: Atlas. Edição do Kindle, 2018. p. 119

No tocante ao prazo de *desincompatibilização* dos cargos existe muita polêmica, pois a Lei Complementar nº 64/1990 trouxe algumas incongruências que até hoje não foram sanadas por lei posterior.

O método utilizado pela lei para a previsão desses prazos é de escassa clareza, dificultando o entendimento desta importantíssima questão eleitoral. Ela se vale de dois critérios: o primeiro é o da eleição pretendida (Presidência da República, Governador de Estado ou do Distrito Federal, Senador, Deputado Federal, Estadual ou Distrital, Prefeito e Vereador). O segundo é o do cargo ocupado pelo futuro candidato. Um e outro critério autorizam distinções caprichosas, diferenciando o tempo de afastamento para concorrer às eleições.[31]

A referida lei, na alínea VII do seu art. 1º, determina que são inelegíveis para vereador os que forem inelegíveis para eleição para a Câmara dos Deputados, para o Senado Federal, para prefeito e para vice-prefeito, mas observado o prazo de 6 (seis) meses antes da eleição para que o pré-candidato se desincompatibilize.

Isso obrigaria que quem exercesse qualquer tipo de cargo público, ou mesmo sindical, fosse obrigado a se afastar de sua função seis meses antes do pleito. Inclusive isso ficou incongruente mais ainda a partir das eleições de 2016 quando a campanha eleitoral ficou permitida somente depois de 15 de agosto do ano eleitoral.

A Jurisprudência do Tribunal Superior Eleitoral tem mitigado o prazo para algumas situações, como é o caso do servidor público, efetivo ou comissionado, que não exerça cargo de direção, sendo que este terá que se afastar três meses antes do pleito. Para as demais situações o prazo será de seis meses.

O servidor que tenha interesse, de maneira direta ou indireta, na arrecadação de tributos e na aplicação de multas, como é o caso dos auditores fiscais e outros servidores que atuem na fiscalização, o prazo de afastamento obrigatório é de seis meses.

Entretanto, caso um servidor exerça o cargo em outro município, não será necessária a desincompatibilização.

Quem já é vereador não precisa se licenciar do referido cargo para ser candidato à reeleição ou a outro cargo, mesmo que seja o presidente da Câmara.

---

[31] GONÇALVES, Luiz Carlos dos Santos. *Direito eleitoral*. São Paulo: Atlas. Edição do Kindle, 2018. p. 182.

Importante para sanar qualquer tipo de dúvida é o candidato, no mês de março do ano eleitoral, *consultar a jurisprudência dominante no momento* para a sua situação principalmente caso exerça cargo público ou em entidade, inclusive sindical, mesmo que sem fins lucrativos, que receba recursos públicos, ou que seja membro de algum conselho que tenha ligação com o poder público. De qualquer maneira, a regra é o afastamento em seis meses antes do pleito, sendo que prazos diferentes serão somente aqueles em que a jurisprudência excepcionar.

Essa incongruência de prazos também cria um problema no momento da formalização do pedido de afastamento para quem exerce cargo efetivo. Como a convenção partidária somente será realizada a partir de 20 de julho, antes disso ninguém é candidato e também não existe a figura jurídica formal do pré-candidato. Precisando haver desincompatibilização o servidor deverá fazer o requerimento ao órgão público em que trabalhe informando a sua situação de pré-candidato, devendo também anexar uma declaração do partido político confirmando a sua filiação e também a intenção de figurar como candidato no pleito eleitoral.

Caso uma pessoa exerça exclusivamente cargo em comissão ou algum cargo em que seja necessária a renúncia deverá simplesmente solicitar a sua exoneração ou renúncia no momento certo para desincompatibilização, não precisando apresentar justificativa formal, pois não terá direito a remuneração.

Para o caso de candidatura a prefeito e vice-prefeito, o prazo de desincompatibilização, por regra geral é de 4 (quatro) meses antes da data da eleição. Mas vale ressaltar que há casos que a CF exige prazo de 6 (seis) meses.

Em todos os casos a desincompatibilização dever ser de fato e de direito. O pré-candidato deverá estar afastado formalmente de sua função, nos termos do seu estatuto ou regimento. Entretanto, também deverá estar afastado de fato. Segue dois exemplos que ajudam a entender o que está escrito neste parágrafo: o primeiro refere-se a um médico público que se afasta formalmente do cargo, mas continua atendendo no posto de saúde (que é uma forma de captar votos) e o segundo se refere a um dirigente de um órgão que exerça alguma forma de controle (fiscalização, análise de pedidos de licença para obras etc.) que se afaste formalmente, mas continue *dando as cartas* para quem o substituiu, como forma de manter a sua influência (e também captar apoios e votos). Nesses dois casos o candidato pode ser considerado inelegível, mesmo tendo se afastado formalmente do cargo.

4.5 Registro da candidatura

O registro da candidatura deve ser feito com todo o cuidado para que se evitem problemas posteriores, como os que já ocorreram em muitas eleições. Houve caso de candidatos que foram registrados com as variações de nomes erradas e aqueles que perderam o prazo para registro. Diante disso, é importante uma consulta aos artigos 10 a 16B da Lei nº 9.504/97 que disciplinam o registro dos candidatos. Também é importante uma consulta às resoluções do TSE que disciplinam o assunto.

O candidato deverá cobrar do seu partido político que conheça e *cumpra muito bem as normas eleitorais, principalmente os prazos* que costumam ser pequenos. A perda de um prazo poderá resultar em problemas sérios.

Inicialmente, é necessário que o candidato seja escolhido em *convenção partidária*, a ser realizada no período compreendido entre 20 de julho a 5 de agosto do ano em que acontecem as eleições, em que deverá ser lavrada uma ata em livro aberto, rubricado pela Justiça Eleitoral, e publicada em vinte e quatro horas em qualquer meio de comunicação. As normas para escolha dos candidatos serão aquelas estabelecidas pelo estatuto do partido.

Vale a pena lembrar que nas eleições municipais os partidos não podem lançar o número de candidatos que quiserem. Este número está limitado a 100% (cem por cento) do número de lugares a preencher (vagas na Câmara) mais um,[32] sendo que desde as eleições de 2020 não é mais possível celebrar coligação proporcional, nos termos da Emenda Constitucional nº 97/2017.

Também deverá ser respeitado o número mínimo de candidatos por gênero (sexo). Do número de vagas a que tem direito, cada partido preencherá o mínimo de 30% (trinta por cento) e o máximo de 70% (setenta por cento) para candidaturas de cada sexo. Em eleições anteriores alguns partidos não cumpriram efetivamente este dispositivo, principalmente no caso do gênero feminino já que incluíram o nome de mulheres que não foram efetivamente candidatas e que entraram *apenas para cumprir o mínimo legal*, o que inclusive gerou a cassação de toda a chapa pelo TSE.[33]

---

[32] Mudança trazida pela Lei nº 14.211/2021. Antes o número máximo de candidatos era 150% do total de vagas na Câmara Municipal.
[33] Resp 19392.

Uma novidade para as eleições municipais de 2024 em relação às de 2020 é o instituto da federação partidária, que já vigorou nas eleições nacionais de 2022. A federação partidária está regulada no art. 11-A da Lei 9.096, de 19 de setembro de 1995, e no art. 6º-A da Lei 9.504/1997, ambos artigos inseridos pela Lei 14.208, de 28 de setembro de 2021.[34] A federação guarda semelhanças com as coligações entre partidos, mas é algo mais sólido, pois terá uma existência mínima de quatro anos, vigência nacional e valerá para as eleições majoritárias e proporcionais. Numa federação, cada partido guarda a sua identidade, o seu número, o seu programa. Entretanto, na relação com outros partidos, a federação vai se comportar como se um partido fosse.

O prazo máximo para os partidos ou coligações solicitarem à Justiça Eleitoral o registro das candidaturas se encerra às dezenove horas do dia 15 de agosto do ano em que se realizarem as eleições. Caso isso não seja feito pelo partido do candidato, poderá ele próprio fazê-lo diretamente à Justiça Eleitoral nas quarenta e oito horas seguintes à publicação da lista dos candidatos pela Justiça Eleitoral. Em qualquer um dos casos, o pedido de registro deve vir acompanhado dos seguintes documentos:

I - Cópia da ata da convenção partidária;

II - Autorização do candidato, por escrito;

III - Prova de filiação partidária;

IV - Declaração de bens, assinada pelo candidato;

V - Cópia do título eleitoral ou certidão fornecida pelo Cartório Eleitoral de que o candidato é eleitor na circunscrição ou requereu sua inscrição ou transferência de domicílio no prazo de pelo menos um ano antes do pleito;

VI - Certidão de quitação eleitoral;

VII - Certidões criminais fornecidas pelos órgãos de distribuição da Justiça Eleitoral, Federal e Estadual;

VIII - Fotografia do candidato, nas dimensões estabelecidas em instrução da Justiça Eleitoral (é a foto que aparecerá na tela da urna eletrônica, assim que o eleitor digitar o número do candidato).

---

[34] Disponível em: https://www.planalto.gov.br/ccivil_03/_Ato2019-2022/2021/Lei/L14208.htm#art2.

Observação: pelo art. 11 §13º da Lei nº 9.504/1997 fica dispensada a apresentação pelo partido, coligação ou candidato de documentos produzidos a partir de informações detidas pela Justiça Eleitoral, como é o caso dos itens III, V e VI.

Para as eleições de 2024, é importante que os candidatos e partidos sigam a resolução específica do TSE, que dispõe sobre a escolha e o registro de candidatos para as eleições, detalhando os formulários que deverão ser preenchidos, inclusive sobre o nome a ser inserido na urna eletrônica, seu limite máximo e as restrições de uso.

Entretanto, o simples pedido não garante ao candidato o direito de usar determinado nome antes da análise e deferimento por parte da Justiça Eleitoral. Caso ocorra homonímia (vários nomes iguais) serão utilizados vários critérios previstos na resolução do TSE sobre o assunto para decidir que candidato utilizará determinado nome, sendo dada preferência para quem já tenha sido candidato nos últimos quatro anos.

No caso da ocorrência de nomes coincidentes, acabam sendo prejudicados os candidatos e candidatas com nomes ou apelidos muito comuns, como é o caso de: *Glorinha, Carlinhos, Beto, Graça, Paulinho*, e de outros. Havendo mais de uma pessoa postulante ao cargo de vereador com o mesmo nome ou apelido há risco de confusão no momento do voto.

Com a votação em urna eletrônica, esse problema foi minimizado, já que os eleitores votam digitando o número do candidato e não o seu nome, além da fotografia do candidato aparecer na tela antes do eleitor confirmar o seu voto. Mas é importante os candidatos conferirem se o seu número e o seu nome estão corretos quando a Justiça Eleitoral publicar a lista do que estará inserido na urna eletrônica.

Outra coisa importante é o número que será atribuído a cada candidato. A distribuição dos números será disciplinada pela Justiça Eleitoral, mas aos partidos está assegurado o uso dos números atribuídos à sua legenda na eleição anterior. E quem já foi candidato na eleição anterior para o mesmo cargo poderá usar o mesmo número.

Registre-se finalmente a possibilidade de haver *impugnações* com relação a candidaturas. De acordo com o art. 3º da Lei Complementar nº 64/90, qualquer candidato, partido político, coligação ou o Ministério Público, no prazo de 5 (cinco) dias contados da publicação do pedido de registro do candidato, pode impugnar qualquer candidato em petição fundamentada. Poderá ser impugnado qualquer candidato que não seja elegível, isto é, que não tenha qualquer um dos requisitos necessários para a candidatura.

A MULHER CANDIDATA

5.1 Introdução

A mulher, conforme a história recente tem mostrado, passa a assumir, gradativamente, espaços de poder e de tomada de decisão em nossa sociedade. Em que pese as mulheres sempre terem desempenhado importantes papéis ao longo da história, como Maria Quitéria[35] e Maria Ortiz,[36] dentre outras, muitas vezes estas não eram reconhecidas pela cultura patriarcal.[37]

Foi, sobretudo, a partir das lutas feministas iniciadas na década de 1970, que a mulher passou a conquistar o respeito e as oportunidades que lhe foram negadas por séculos de jugo masculino. Prova disso é a sua maior presença em espaços públicos, como no mercado de trabalho e com reconhecida eficiência. Em várias empresas, admitem-se mais mulheres do que homens. Nos concursos públicos, as maiores aprovações são do sexo feminino. É claro que essa situação foi conquistada através de muita luta, mas ainda há muita discriminação de gênero no mercado de trabalho e em outros espaços de poder.

---

[35] Maria Quitéria foi a primeira mulher a integrar o Exército Brasileiro e a combater pelo Brasil. Disponível em: https://pt.wikipedia.org/wiki/Maria_Quit%C3%A9ria. Acesso em: 10 out. 2019.

[36] Maria Ortiz defendeu a então Capitania do Espírito Santo da invasão holandesa. Disponível em: https://pt.wikipedia.org/wiki/Maria_Ortiz. Acesso em: 12 out. 2019.

[37] "Patriarcado é um sistema social em que homens adultos mantêm o poder primário e predominam em funções de liderança política, autoridade moral, privilégio social e controle das propriedades. No domínio da família, o pai (ou figura paterna) mantém a autoridade sobre as mulheres e as crianças". Disponível em: https://pt.m.wikipedia.org/wiki/Patriarcado. Acesso em: 12 out. 2019.

As mulheres assumiram um importante papel na mudança da sociedade ao longo dos séculos e chegaram ao terceiro milênio com cara própria. Nome, profissão e identidade, dizendo que querem ser parceiras na construção de um novo tempo, um tempo em que homens e mulheres serão, igualmente, seres humanos com direitos iguais garantidos e respeitados.[38]

Entretanto, essa realidade de maior participação da mulher no mercado de trabalho e na própria conquista da igualdade, infelizmente ainda não chegou aos cargos públicos mais altos, seja no Poder Executivo, Legislativo ou Judiciário. Ainda que uma mulher já tenha ocupado o cargo de Presidente da República e nos últimos anos tenha aumentado o número de vereadoras, deputadas, prefeitas, senadoras, ministras, juízas e desembargadoras, a sua participação ainda é muito pequena. Como as mulheres representam mais da metade de nossa população, deveriam ter uma presença bem mais significativa nos órgãos de decisão.

A participação política das mulheres é um direito humano protegido nos sistemas internacional e interamericano através dos seguintes instrumentos:
- Declaração Universal dos Direitos Humanos (artigo 21);
- Pacto Internacional sobre Direitos Civis e Políticos (artigo 25);
- Convenção sobre todas as formas de discriminação contra as mulheres (CEDAW, artigos 7 e 8);
- Convenção Americana de Direitos Humanos (artigo 23);
- Convenção Interamericana para prevenir, punir e erradicar a violência contra a mulher (Convenção de Belém do Para, artigo 5);
- Declaração e Plataforma de Ação de Beijing, adotada na Quarta Conferência Mundial sobre a Mulher, 27 de Outubro de 1995 (parágrafo 10);
- Objetivos de Desenvolvimento do Milênio (Millennium Development Goals, goal 3) e Objetivos de Desenvolvimento Sustentável (Sustainable Development Goals, goal 5).[39]

---

[38] DRUMOND, Clésio Mucio; DRUMOND, Clermon Augusto; DRUMOND, Camilla Aparecida. *Eleições municipais*: a legislação passo a passo. Belo Horizonte: Fórum, 2016. p. 13.

[39] TRAVAGLIA, D. *Além das cotas*: outras medidas para melhorar a participação feminina na política brasileira. Dissertação (mestrado em Direitos Humanos) - *University of Essex*,

Diante disso, é dever de cada Estado eliminar a discriminação contra as mulheres no acesso aos cargos públicos, especialmente os de alta direção, garantindo o pleno exercício dos seus direitos políticos dentro de um sistema democrático.[40]

Mesmo com a previsão de igualdade existente nos tratados internacionais, no Brasil a participação feminina nos cargos eletivos ainda é reduzida embora nos últimos anos é necessário registrar que houve avanços, mesmo que tímidos.

No ano 2000, época da primeira edição deste livro, a Câmara dos Deputados contava com 29 mulheres dentre as 513 vagas, ou seja, 5,65 % do total. O Senado Federal possuía 6 senadoras das 81 vagas, ou seja, 7,4 % do total. Também nessa mesma época trouxemos a informação de que nas eleições municipais de 1996, segundo levantamento feito aos Tribunais Regionais Eleitorais pelo IBAM[41]/Núcleo de Estudos Mulher e Políticas Públicas, verificou-se que 87% dos vereadores eram homens, 11% são mulheres (e em 2% dos casos não foi possível identificar o sexo através do nome). Pelo referido levantamento, a região nordeste era a que tinha o maior percentual de vereadoras.

Após as eleições de 2014 o percentual feminino nas casas do Congresso Nacional ficou em 10% da Câmara dos Deputados e 13% do Senado Federal.[42] Nas eleições de 2018 o percentual de mulheres foi de 15% da Câmara e 14,8% do Senado. Nas assembleias legislativas após as eleições de 2014 elas representavam 10,76% do total e após a eleição de 2018 passaram a representar 15,2% do total de parlamentares estaduais.[43]

No tocante às mulheres vereadoras no ano 2000 foram eleitas 6.992[44] representando 11,59% do total. Em 2004, esse percentual chegou

---

Reino Unido, 2018 (original em inglês, disponível em: https://danielatravaglia.academia.edu. Acesso em: 11 out. 2019. p. 25.

[40] TRAVAGLIA, D. *Além das cotas*: outras medidas para melhorar a participação feminina na política brasileira. Dissertação (mestrado em Direitos Humanos) - *University of Essex*, Reino Unido, 2018 (original em inglês, disponível em: https://danielatravaglia.academia.edu. Acesso em: 11 out. 2019. p. 6-7.

[41] Instituto Brasileiro de Administração Municipal. Sitio: http://www.ibam.org.br/. Acesso em: 11 out.2019

[42] Disponível em: https://eleicoes.uol.com.br/2014/noticias/2014/10/06/cresce-numero-de-mulheres-eleitas-no-congresso-mas-fatia-ainda-e-de-so-10.htm. Acesso em: 14 out. 2019.

[43] Disponível em: http://www.tse.jus.br/imprensa/noticias-tse/2019/Marco/numero-de-mulheres-eleitas-em-2018-cresce-52-6-em-relacao-a-2014. Acesso em: 14 out. 2019.

[44] Disponível em: http://www.scielo.br/pdf/ref/v9n1/8609.pdf. Acesso em: 14 out. 2019.

a 12,65%.[45] Em 2008 foi de 12,52%.[46] Entre as eleições de 2012 e 2016 o número ficou estabilizado, na primeira o número de vereadoras eleitas ficou em 13,3% do total e na segunda em 13,5% do total de vagas disputadas.[47]

Em 2020, o percentual de mulheres eleitas para as Câmaras de Vereadores foi de 16,0%.[48] Houve um aumento, mas não foi algo significativo, e está ainda muito distante de uma distribuição melhor por gênero nas esferas de poder. Ele é pouco significativo, pois há reserva de no mínimo 30% das vagas para cada gênero (inclusive os partidos políticos que não cumpriram isso estão sendo punidos) e também há reserva mínima, no mesmo percentual, de recursos que devam ser destinados às candidatas mulheres.

Apesar de pequenos, esses percentuais revelam um importante avanço quando comparados com o passado mais distante,[49] época em que praticamente não havia representação feminina em órgãos e cargos públicos de decisão. Há uma participação crescente da mulher no processo político, mas ainda abaixo do ideal.

Felizmente em outras áreas, a presença feminina tem sido bem mais significativa. Exemplo disso é a Ordem dos Advogados do Brasil (OAB), que atualmente em seu quadro de filiados é praticamente paritária entre mulheres e homens, com tendência de alta para a participação feminina. Prova disso é que, entre profissionais de até vinte e cinco anos de idade, as mulheres representam 64% dos inscritos na OAB.[50] É uma evolução histórica significativa, pois até tempos atrás a participação era majoritária de homens na advocacia, que é uma profissão importante na disputa de poder dentro da sociedade.

---

[45] Disponível em: https://www.camara.leg.br/noticias/55294-veja-o-quadro-sobre-as-vereadoras-eleitas/. Acesso em: 14 out. 2019.

[46] Disponível em: http://www.cfemea.org.br/images/stories/eleicoes2008_eleitoscvsexopartido.pdf. Acesso em: 14 out. 2019.

[47] Disponível em: http://g1.globo.com/politica/eleicoes/2016/blog/eleicao-2016-em-numeros/post/proporcao-de-vereadoras-eleitas-se-mantem-apos-quatro-anos.html. Acesso em: 12 out. 2019.

[48] Disponível em: https://www.camara.leg.br/noticias/709211-deputadas-dizem-que-numero-de-mulheres-eleitas-cresceu-pouco-e-defendem-reserva-de-vagas/. Acesso em: 14 out 2023.

[49] Esse passado mais distante podemos demarcar como a década de 1970, momento em que o movimento feminista se fortaleceu e resultou em frutos nas décadas seguintes.

[50] Disponível em: https://alkasoft.com.br/blog/mulheres-na-advocacia/. Acesso em: 10 jan. 2024.

Há de se registrar que no Poder Judiciário e no Ministério Público, a totalidade de seus membros é ocupada por profissionais do direito, o que ocorre também com a maioria dos seus servidores. E também há cargos privativos do direito na Administração Pública como um todo, especialmente nas procuradorias. E o número crescente de mulheres oriundas das faculdades de direito potencializa em muito a sua ocupação majoritária em funções importantes nos poderes constituídos.

Diante do crescente número de advogadas, o Instituto Brasileiro de Direito de Família (IBDFAM) sugeriu em 2020 que a sigla OAB passasse a significar Ordem da Advocacia Brasileira.[51] É uma sugestão interessante, pois a sigla historicamente conhecida e reconhecida continuaria a mesma, mas com um significado mais amplo, abrangendo a diversidade que ela representa.

No Poder Judiciário, a participação da mulher é bem maior do que nos cargos eletivos. Em 1988, já ocupavam 24,6% da magistratura, percentual que aumentou para 38,8% em 2018. Ainda não existe a paridade, mas há uma participação significativa e que está aumentando. E, no tocante ao corpo funcional, há mais servidoras do que servidores. Dados de 2018 revelam que as servidoras são 56,6% do quadro, sendo que mais da metade dos cargos de chefia são ocupados por mulheres.[52]

Há de se registrar como um novo marco histórico da participação feminina no Poder Judiciário a decisão unânime, em 26 de setembro de 2023, do Conselho Nacional de Justiça (CNJ), que alterou o regulamento relativo à promoção de magistrados para os Tribunais. Na promoção por merecimento, deverá existir uma lista exclusiva com mulheres, alternada com uma lista mista.

No Ministério Público, também não há paridade entre os gêneros, mas dados de 2018 revelam a existência de 39% de promotoras e procuradoras,[53] também bem maior do que o percentual de mulheres em cargos políticos.

---

[51] Disponível em: https://ibdfam.org.br/noticias/10587/IBDFAM+reitera+pedido+de+altera%C3%A7%C3%A3o+do+nome+da+OAB+em+aten%C3%A7%C3%A3o+%C3%A0+igualdade+de+g%C3%AAnero#:~:text=Em%20aten%C3%A7%C3%A3o%20%C3%A0%20igualdade%20de%20g%C3%AAnero%2C%20o%20Instituto%20Brasileiro%20de,diante%20da%20aus%C3%AAncia%20de%20resposta.

[52] Disponível em: https://anajustrafederal.org.br/noticias/gerais/2023/03/211695-dia-internacional-da-mulher-no-judiciario-no-brasil-e-onde-elas-quiserem.html.

[53] Disponível em: https://www.conjur.com.br/2018-jun-24/mulheres-ocupam-apenas-39-cargos-poder-ministerio-publico/.

5.2 A política de cotas e outras ações afirmativas

No item anterior foi descrita a evolução percentual da participação feminina nos cargos eletivos, que é bem menor do que a registrada em outras esferas de poder, como é o caso do Poder Judiciário e do Ministério Público, como também foi demonstrado. No mesmo período foram instituídas na legislação brasileira algumas ações afirmativas em favor da mulher na política, sendo a principal a política de cotas nas eleições proporcionais.

Em algumas vezes para corrigir um erro histórico são necessárias as chamadas ações afirmativas que são medidas compensatórias. No caso da falta de representação feminina nos cargos eletivos a referida ação se materializa por meio da cota mínima de candidaturas de cada gênero.

> As cotas de gênero são um exemplo de ação afirmativa, justificada sob igualdade substantiva, que visa a corrigir as desvantagens estruturais, como explicado acima. Segundo a Convenção sobre a Eliminação da Discriminação contra as Mulheres (CEDAW), da qual o Brasil é signatário, o Estado tem a obrigação de adotar medidas para eliminar os padrões estruturais de desvantagem objetivando o gozo dos direitos humanos: trata-se de dever de ação positiva (ação afirmativa ou medidas especiais de proteção) que deve abarcar diferentes medidas legislativas, administrativas e políticas, incluindo a revisão de práticas e leis e a adoção de cotas de gênero. O Relatório do Grupo de Trabalho sobre Discriminação contra a Mulher da ONU também afirma que medidas especiais, incluindo cotas, conforme exigido pela CEDAW, são necessárias para alcançar a igualdade entre homens e mulheres na vida política e pública.[54]

O primeiro dispositivo legal com reserva de cota para as mulheres nas chapas proporcionais no Brasil foi veiculado pelo art. 11 §3º da Lei nº 9.100/1995,[55] responsável pela disciplina das eleições de 1996, que prescreveu o seguinte: "§3º Vinte por cento, no mínimo, das vagas de cada partido ou coligação deverão ser preenchidas por candidaturas de mulheres". Isso foi referente às vagas para a Câmara Municipal.

---

[54] TRAVAGLIA, D. *Além das cotas*: outras medidas para melhorar a participação feminina na política brasileira. Dissertação (mestrado em Direitos Humanos) - *University of Essex*, Reino Unido, 2018 (original em inglês. Disponível em: https://danielatravaglia.academia.edu). Acesso em: 12 out. 2019. p. 28.

[55] BRASIL. Lei nº 9.100, de 29 de setembro de 1995. Estabelece normas para a realização das eleições municipais de 3 de outubro de 1996, e dá outras providências.

A partir das eleições de 1998 o assunto foi disciplinado pela Lei nº 9504/1997, denominada *lei das eleições*, que em seu art.10, §3º, estabeleceu o seguinte: "Do número de vagas resultante das regras previstas neste artigo, cada partido ou coligação deverá reservar o mínimo de trinta por cento e o máximo de setenta por cento para candidaturas de cada sexo".

O novo texto trouxe uma importante inovação, pois não garantiu simplesmente um número mínimo de candidaturas femininas, mas sim um equilíbrio de gênero, já que cada gênero terá um máximo de setenta por cento e o mínimo de trinta por cento. Isso quer dizer que o número mínimo de candidaturas de homens também é de trinta por cento.

A Lei nº 12.034/2009[56] fez uma pequena, mas significativa, alteração no texto do art.10 §3º da Lei nº 9.504/1997 que passou a contar com a seguinte redação: "do número de vagas resultante das regras previstas neste artigo, cada partido ou coligação preencherá o mínimo de 30% (trinta por cento) e o máximo de 70% (setenta por cento) para candidaturas de cada sexo". Esse texto continua em vigor até os dias de hoje.

Na redação original cada partido ou coligação deveria reservar as vagas, mas não precisaria preenchê-las para cumprir a cota partidária. A partir da Lei nº 12.034/2009 os partidos e/ou coligações passaram a ter que preencher o mínimo de vagas possível. É uma forma de forçar os partidos a cumprir efetivamente o que diz a lei.

Essa regra compeliu os partidos políticos a incentivarem a filiação de mulheres para serem candidatas. Entretanto, houve casos de candidaturas de mulheres, que não eram efetivamente candidatas, registradas pelos partidos apenas para cumprir a lei. Assim sendo, o número de mulheres eleitas acabou ficando bem inferior a 30% do número total de eleitos.

Um dos motivos que também dificultou as candidaturas e o desempenho eleitoral das mulheres tem sido a questão financeira, devido à resistência dos partidos políticos em destinar recursos financeiros para as suas campanhas. Foi necessária a tomada de medidas legais e judiciais para que as mulheres candidatas tivessem acesso a recursos do fundo eleitoral.

---

[56] BRASIL. Lei nº 12.034, de 29 de setembro de 2009. Altera as Leis nºs 9.096, de 19 de setembro de 1995 - Lei dos Partidos Políticos, 9.504, de 30 de setembro de 1997, que estabelece normas para as eleições, e 4.737, de 15 de julho de 1965 - Código Eleitoral.

A Lei nº 13.165/2015 estabeleceu em seu art. 9º que:

> Nas três eleições que se seguirem à publicação desta Lei, os partidos reservarão, em contas bancárias específicas para este fim, no mínimo 5% (cinco por cento) e no máximo 15% (quinze por cento) do montante do Fundo Partidário destinado ao financiamento das campanhas eleitorais para aplicação nas campanhas de suas candidatas, incluídos nesse valor os recursos a que se refere o inciso V do art. 44 da Lei nº 9.096, de 19 de setembro de 1995.

Muito tempo depois do estabelecimento de cotas para candidatas no Brasil finalmente veio uma medida para tentar dar efetividade à participação feminina na política. Entretanto, a medida foi considerada muito tímida, tanto é que foi questionada no STF que por meio da ADI 5617[57] que foi julgada em 2018 e considerou inconstitucional o limite de três eleições (ficando a regra por tempo indeterminado) e também estabeleceu que o percentual mínimo de recursos para as candidaturas mulheres deverá ser de 30% do fundo partidário destinado ao financiamento das campanhas eleitorais. Além disso, decidiu que caso determinado partido tenha um percentual maior do que 30% de candidatas o mínimo de recursos para elas deve ser alocado na mesma proporção.

Na referida ADI, também foi declarada a inconstitucionalidade, por arrastamento, do §5º-A e do §7º do art. 44 da Lei nº 9.096/1995. Esses dois dispositivos permitiam que caso o partido político não tivesse gastado anualmente o percentual mínimo de 5% (cinco por cento) do fundo partidário na criação e manutenção de programas de promoção e difusão da participação política das mulheres, poderia o saldo ficar acumulado para uso em campanhas futuras das candidatas.

Esse percentual mínimo de 5% do fundo partidário foi criado pela Lei nº 12.034/2009 que introduziu o Inciso V no art. 44 da Lei nº 9.096/1995 e a redação atual do referido dispositivo é dado pela Lei nº 13.877/2019 nos seguintes termos:

> V - na criação e manutenção de programas de promoção e difusão da participação política das mulheres, criados e executados pela Secretaria da Mulher ou, a critério da agremiação, por instituto com personalidade jurídica própria presidido pela Secretaria da Mulher, em nível nacional, conforme percentual que será fixado pelo órgão nacional de direção partidária, observado o mínimo de 5% (cinco por cento) do total;

---

[57] Disponível em: http://www.stf.jus.br/portal/peticaoInicial/verPeticaoInicial.asp?base=ADIN&s1=5617&processo=5617. Acesso em: 10 out. 2019.

É um avanço, pois, além de destinar recursos mínimos para as candidatas, a lei determina também que anualmente os partidos políticos devem destinar 5% do fundo partidário para promoção e difusão da participação política das mulheres e que, segundo decisão do STF, não podem ser acumulados para exercícios seguintes. É um ponto importante a ser fiscalizado.

Outro ponto que deve ser registrado é que a Lei nº 13.165/2015 inseriu o art. 93-A na Lei nº 9.504/97 e que obriga o TSE a realizar propaganda institucional incentivando a participação feminina no processo eleitoral. Atualmente, por força da Lei nº 13.488/2017, o referido dispositivo está assim redigido:

> Art. 93-A. O Tribunal Superior Eleitoral, no período compreendido entre 1º de abril e 30 de julho dos anos eleitorais, promoverá, em até cinco minutos diários, contínuos ou não, requisitados às emissoras de rádio e televisão, propaganda institucional, em rádio e televisão, destinada a incentivar a participação feminina, dos jovens e da comunidade negra na política, bem como a esclarecer os cidadãos sobre as regras e o funcionamento do sistema eleitoral brasileiro.

Também deve ser registrado que neste período ocorreram avanços em outros pontos relativos às mulheres, principalmente a partir de CF-88, que em seu art. 5º I estabeleceu a igualdade entre homens e mulheres em direitos e obrigações. Um dos exemplos é a Lei nº 11.340/2006,[58] conhecida como Lei Maria da Penha, que criou mecanismos para prevenir e coibir a violência doméstica e familiar contra a mulher, por meio de medidas punitivas, protetivas, educativas e assistenciais.

Outro é a Lei nº 13.104/2015[59] que instituiu a qualificadora feminicídio, punindo de forma mais dura o homicídio praticado devido à condição de mulher, dando visibilidade ao tema da violência de gênero.

---

[58] BRASIL. Lei nº 11.340, de 7 de agosto de 2006. Cria mecanismos para coibir a violência doméstica e familiar contra a mulher, nos termos do §8º do art. 226 da Constituição Federal, da Convenção sobre a Eliminação de Todas as Formas de Discriminação contra as Mulheres e da Convenção Interamericana para Prevenir, Punir e Erradicar a Violência contra a Mulher; dispõe sobre a criação dos Juizados de Violência Doméstica e Familiar contra a Mulher; altera o Código de Processo Penal, o Código Penal e a Lei de Execução Penal; e dá outras providências.

[59] BRASIL. Lei nº 13.104, de 9 de março de 2015. Altera o art. 121 do Decreto-Lei nº 2.848, de 7 de dezembro de 1940 - Código Penal, para prever o feminicídio como circunstância qualificadora do crime de homicídio, e o art. 1º da Lei nº 8.072, de 25 de julho de 1990, para incluir o feminicídio no rol dos crimes hediondos.

Mesmo com esses avanços, houve muitos casos, nos últimos de anos, de violência política de gênero, em que mulheres parlamentares tiveram a sua atuação dificultada ou até mesmo foram agredidas dentro e fora do parlamento.

Para fazer frente a essa situação, foi editada a Lei 14.192, de 4 de agosto de 2021,[60] sendo que o resumo dela está concentrado em seu próprio art. 1º, que prescreve o seguinte:

> Art. 1º Esta Lei estabelece normas para prevenir, reprimir e combater a violência política contra a mulher, nos espaços e atividades relacionados ao exercício de seus direitos políticos e de suas funções públicas, e para assegurar a participação de mulheres em debates eleitorais e dispõe sobre os crimes de divulgação de fato ou vídeo com conteúdo inverídico no período de campanha eleitoral.

É mais um instrumento que pode ser utilizado contra a violência de gênero e, sim, representa um avanço, mas é necessário que os meios judiciais estejam prontos para dar uma resposta rápida às transgressões à referida lei. Além disso, torna-se necessário o avanço no seio social da cultura em favor da participação no processo político com respeito à diversidade.

5.3 As dificuldades da participação da mulher na política

Mesmo com os avanços ocorridos no ordenamento jurídico pátrio demonstrados no item anterior (5.2), a participação da mulher nos cargos eletivos ainda é muito pequena, conforme foi demonstrado no primeiro item (5.1) deste capítulo.

Todo o trabalho legislativo feito, bem como as campanhas de conscientização sobre o assunto, parece que surtiram pouco efeito, pois o percentual de mulheres no parlamento não aumentou de maneira significativa nas duas últimas décadas. Torna-se importante avaliar as suas causas. De qualquer maneira, existe legislação que protege as candidaturas femininas, o que falta é que isso resulte efetivamente na eleição de candidatas.

---

[60] Disponível em: https://www.planalto.gov.br/ccivil_03/_ato2019-2022/2021/lei/L14192.htm. Acesso em: 10 jan. 2024.

O voto feminino foi conquistado, a igualdade de direitos entre homens e mulheres está posta na Constituição da República Federativa do Brasil, contudo o acesso formal não necessariamente elimina a desigualdade e promove a igualdade material. A participação feminina na política precisa vencer a barreira histórica da lógica patriarcalista que normaliza a condução das decisões por homens; o desafio agora é estimular o engajamento das mulheres ativamente na vida política do País, por meio das suas candidaturas a cargos públicos e consciência do seu papel nesse processo como sujeito de direitos.[61]

Mas o que falta então para as mulheres serem candidatas efetivas (e não laranjas) e serem eleitas?

Não é uma questão de fácil deslinde e demandará uma pesquisa mais profunda para que seja elucidada. De qualquer maneira, algumas hipóteses podem ser adiantadas.

No Brasil, o voto feminino foi introduzido apenas em 1934,[62] num atraso significativo em relação aos homens, isso também fruto de uma cultura machista existente. E mesmo após a adoção do voto feminino poucas mulheres foram eleitas.

Não se pode falar em *falta de jeito para a coisa*, pois existem mulheres brilhantes no desempenho de funções públicas. Além disso, há várias que desempenham funções de liderança em diversas áreas: religiosa, comunitária, sindical, estudantil etc. E elas têm todas as condições (capacidade, compromisso social e eleitorado) para serem candidatas a cargos públicos eletivos.

Muitos motivos fazem com que as mulheres não sejam candidatas. Um deles é o preconceito que enfrentam ao ficar demasiadamente expostas (e não há campanha eleitoral sem exposição); e os familiares freiam-nas muito por causa disso. Outro motivo é a dificuldade de obterem informações sobre como funciona uma campanha eleitoral. Essa dificuldade é enfrentada por qualquer candidato iniciante, seja homem ou mulher. Além disso, enfrentam, na campanha eleitoral, nos partidos políticos ou no exercício do mandato, um ambiente profundamente machista e conservador. Isso tudo forma um contexto cultural de não participação da mulher na política.

---

[61] GARCIA, Cláudia R. Santos Albuquerque. A Mulher e a sua participação política: o que mudou nos últimos 30 anos? *In*: SILVA, Monteiro da. *O Ministério Público e a Constituição Federal*: 30 anos de vigência do novo pacto de direitos fundamentais. Rio de Janeiro: Lumens Juris, 2018.

[62] DRUMOND, Clésio Mucio; DRUMOND, Clermon Augusto; DRUMOND, Camilla Aparecida. *Eleições municipais*: a legislação passo a passo. Belo Horizonte: Fórum, 2016. p.

Entretanto, houve avanços significativos nos últimos anos tanto na parte legislativa quanto no aspecto cultural, com uma aceitação maior por parte da sociedade da participação da mulher na política. Em contrapartida a isso houve por parte de grupos contrários a igualdade de gênero, de raça e renda um fomento do preconceito contra a mulher, seja na política ou mesmo no dia a dia. As mulheres que atuam na política, em sua maioria, representam uma ameaça aos que sustentam o machismo, a desigualdade social, a homofobia, a corrupção etc. e por isso alguns grupos tendem a atacá-las.

E existem as agressões verbais explícitas, em que o agressor, que pode ser um candidato adversário ou seu cabo eleitoral, se expõe. Mas também existem as agressões com autor oculto que são os terríveis boatos, e agora, mais recentemente, turbinados como *fake news* nas redes sociais. E os boatos contra as mulheres costumam *pegar* mais do que os contra os homens. Procuram retratar a mulher como prostituta, como anticristã, como pessoa que abandonou os filhos, adúltera etc., ou seja, procuram caracterizá-la com estereótipos machistas, em situações nas quais a sociedade patriarcal tem tolerância bem menor com as mulheres do que com os homens. Infelizmente as pessoas acreditam e não é algo fácil de se combater.

> Os boatos são quase antigos quanto a história humana, mas com o surgimento da Internet hoje se tornaram onipresentes. A bem da verdade, agora estamos nadando no meio deles. Os boatos falsos são especialmente preocupantes; causam danos reais a indivíduos e instituições, e em geral são resistentes a correções. Podem ameaçar carreiras, políticas, autoridades públicas e, às vezes, até mesmo a própria democracia.[63]

Deve também ser considerado o histórico muito forte das várias formas de violência que a mulher, sendo candidata ou não, sofre no Brasil, alguns muito graves, como tem sido as inúmeras mortes de mulheres por feminicídio.

> Tais mortes são a expressão final de poder e controle sobre o corpo e a vida das mulheres, às quais são impostas limitações, determinações e castrações durante toda a vida pela sociedade como um todo, aparecendo essas imposições de forma muito clara nas instituições como a escola, a igreja e a prisão, até chegar às relações interpessoais.[64]

---

[63] SUSTEIN, Cass R. *A verdade sobre os boatos*: como se espalham e por que acreditamos neles. Tradução Marcio Hack. Rio de Janeiro: Elsevier, 2010. p. 3.
[64] BRAVO, Renata. *Feminicídio*: tipificação, poder e discurso. Rio de Janeiro: Lumen Juris, 2019. p. 3.

Esse histórico de violência contra a mulher pode ser considerado também um fator que inibe as candidaturas femininas. Entretanto, pode ser um despertar da mulher para entrar em uma seara onde poderá se ter mais força inclusive para o enfrentamento da violência que sofre. Muitas vezes uma adversidade abre uma oportunidade.

5.4 Sugestões para as candidatas

Não é algo simples trabalhar sugestões para as mulheres candidatas. Primeiro, porque, após duas décadas de ações afirmativas, o incremento na participação feminina foi pequeno. Segundo, porque o importante é reafirmar a autonomia de cada uma em escolher o melhor caminho.

Vale a pena ressaltar também que a importância de a mulher participar da política não é algo que interessa somente à mulher, mas sim à sociedade como um todo. Mulheres e homens devem lutar por isso.

Entretanto, a partir de situações relatadas é possível tecer algumas sugestões para a participação das mulheres na política, que estão nos próximos parágrafos. Elas não estão ordenadas por prioridade e também devem ser adaptadas à realidade que cada uma enfrenta. Além disso, não são receitas prontas já que há muita constatação sobre a pouca presença da mulher na política, mas faltam pesquisas sobre as formas de resolver esse problema.

É importante que as mulheres se interessem mais pela política, candidatem-se e votem conscientes, pois elas têm capacidade, eleitorado e, principalmente, vontade de mudança. Em um processo eleitoral é importante não só que as mulheres sejam candidatas, mas que tenham consciência para fazer uma boa escolha. Não se trata aqui de fazer uma divisão pura e simples dos sexos, do tipo: *mulher vota em mulher* e *homem vota em homem*, pois quem é eleito tem o dever de representar a todos. E infelizmente existem candidatas eleitas que não defendem o interesse das mulheres como um todo.

A partir do momento em que a mulher opte em ser candidata é importante que se prepare para o embate, e isso também vale para os homens. O estudo da gestão pública, o conhecimento melhor do processo democrático, a ocupação dos espaços públicos, partidários ou não, para que possam apresentar as suas propostas, bem como a preocupação com a forma de se comunicar e interagir com o público são meios para se preparar.

Existem várias formas de se capacitar, inclusive este material tem como um dos objetivos preparar os candidatos e candidatas iniciantes, sendo que as mulheres, por estarem em participação crescente, certamente por um bom tempo representarão a maioria das candidaturas iniciantes.

Há vários cursos gratuitos disponíveis na internet, basta procurar um pouco. O Tribunal de Contas do Estado do Espírito Santo, por exemplo, disponibilizou um curso *online* gratuito intitulado *Como funciona o Poder Legislativo Municipal para vereadores, assessores e sociedade em geral*[65] e representa uma chance de aprender um pouco mais sobre a realidade político institucional do Município e se qualificar melhor para o embate eleitoral.

É importante a mulher candidata saber explorar as condições que lhe sejam favoráveis. Um fator é que existem poucas mulheres envolvidas em crimes, sejam comuns ou relacionados à atividade política. Como honestidade é algo que o eleitorado deseja, poderá ver nas mulheres alguém que possa atender a sua expectativa.

Outro fator positivo que pode ser explorado é o fato de que as mulheres representam mais da metade da população do Brasil e tem a sua representação parlamentar em pouco mais de 10% das cadeiras. Há um grande espaço para crescer dentro do próprio eleitorado feminino. Um trabalho para que se reduza o preconceito das próprias mulheres contra as candidatas do seu gênero pode ser um caminho. Isso não quer dizer que as mulheres eleitas defenderão apenas as mulheres, pois junto com os homens deverão defender os direitos de todos e a construção de uma sociedade menos desigual.

Sobre a preparação da plataforma específica, essa deve ficar a cargo de cada mulher, do seu grupo de apoio e de seu partido. Existem mulheres de ideologias diferentes, sendo que algumas até questionam pontos do feminismo e isso deve ser respeitado. Também deve ser respeitada a posição das mulheres que optaram em não trabalhar fora de casa, sendo que elas também podem e devem ser candidatas. O importante é a prevalência da ética e do bom debate.

Uma plataforma importante que pode ser inserida nas propostas para o mandato é a luta contra as várias formas de violência contra a mulher que, infelizmente, tem aumentado no Brasil. Essa violência é uma forma indireta de dificultar a sua participação nos vários espaços

---

[65] Disponível em: https://www.tcees.tc.br/escola/catalogo-de-cursos/curso/?id=673. Acesso em: 14 out. 2019.

de poder, inclusive na política. E é papel de homens e mulheres estarem nessa luta.

E caso a mulher candidata sofra algum tipo de discriminação ou violência durante a campanha eleitoral ou no exercício do mandato, é importante ela denunciar. Existem vários órgãos, dependendo da situação, que podem receber e processar a denúncia. Por exemplo: a comissão de ética do próprio partido político, associações em defesa da mulher, o Ministério Público, a Delegacia da Mulher, a Corregedoria da Casa Legislativa em que exercer o mandato, dentre outros órgãos e entidades.

Vale registrar que é papel dos órgãos de fiscalização eleitoral, como é o caso do Ministério Público, fiscalizar os partidos políticos para que cumpram de maneira efetiva as cotas de candidatas, inclusive na parte da destinação de recursos do fundo eleitoral e também outras medidas concretas para que a participação feminina seja garantida. E como nem sempre esses órgãos ficam sabendo de tudo o que acontece no processo eleitoral, é importante que qualquer pessoa, seja ela candidata ou não, seja mulher ou homem, faça a referida comunicação da irregularidade ao órgão competente.

Durante a campanha e durante o mandato é importante que a mulher fique atenta ao que ocorre, fazendo os devidos registros para que possa posteriormente contribuir com as pesquisas sobre a participação feminina em eleições. Inclusive a própria candidata, eleita ou não, pode atuar diretamente como pesquisadora, já que terá acumulado experiência prática no assunto o que facilitará na ligação com a teoria. Essas pesquisas que desvendem melhor as causas da falta de participação feminina nas eleições, ou que consigam fazer propostas para enfrentar as causas já descobertas, são cruciais para um trabalho pela igualdade de gênero, não só aquela prevista *no papel* de maneira formal, mas de maneira efetiva.

Um dos pontos a serem pesquisados são os motivos que resultam em uma participação efetiva da mulher no Poder Judiciário e no Ministério Público, com percentual bem mais alto do que na conquista de cargos eletivos, mesmo com os avanços legislativos em favor dessa participação.

CAPÍTULO 6

AS PARTICULARIDADES DE UMA ELEIÇÃO PARA VEREADOR

Alguém que se proponha a disputar uma eleição para vereador deve, para evitar um fraco desempenho, conhecer bem as suas particularidades. Embora seja uma eleição proporcional, como é o caso da eleição para Deputado Estadual e Federal, a eleição para vereador tem as suas características próprias que devem ser consideradas. Procuraremos aqui relatar quais são essas características. Entretanto, vale a pena ressaltar que as informações aqui contidas são de caráter geral e deverão, para terem eficácia, ser adaptadas à cultura política de sua cidade. O tamanho da cidade influencia muito, pois uma campanha para vereador em um município como São Paulo exige que o candidato atinja milhares de votos para a sua eleição, equivalendo quase a de uma para Deputado Federal num Estado menor. Já em um Município bem pequeno, um vereador poderá ser eleito com menos de cem votos e muitas vezes a eleição reduz-se a uma disputa familiar; ali se elege vereador quem tiver uma família grande e unida em torno dele.

Um passo importante é consultar, com bastante antecedência, pessoas que já foram candidatas a vereador ou coordenadores de campanha para este cargo, para que possam relatar quais foram as principais dificuldades encontradas e o que foi feito para superá-las. Essas consultas serão melhores aproveitadas se feitas a pessoas de perfil parecido com o do candidato, pois, embora algumas dificuldades sejam inerentes a todos os candidatos, uma boa parte delas é específica para cada um. Por exemplo: as dificuldades encontradas por um candidato que seja um pastor evangélico poderão ser bem diferentes das encontradas por um que seja sindicalista ou outro que seja líder estudantil.

6.1 O grande número de candidatos

Devido às facilidades que existem para uma pessoa ser candidata a vereador, aparece um número excessivo de candidatos, gerando uma acirrada disputa. Alguns municípios poderão contar com bem mais do que uma centena de candidatos. Luta mais acirrada ainda é a disputa interna nos grandes partidos, na fase pré-eleitoral, pelo direito de ser escolhido candidato.

O grande número de candidatos a vereador faz com que o voto para este cargo seja muito pulverizado (muito dividido) e disputado. Ocorre que, num mesmo local de atuação (bairro, empresa, escola, categoria profissional, igreja, escola de samba etc.) podem existir vários candidatos disputando o voto de uma mesma base eleitoral. Até mesmo em uma família é comum existirem vários candidatos disputando entre si.

Muitas vezes um candidato ilude-se com uma lista feita por ele da qual constam centenas de nomes de pessoas do seu relacionamento pessoal; o candidato certamente pensa que a maioria daquelas pessoas votará nele. Entretanto, essas pessoas terão algum tipo de relação com inúmeros outros candidatos que irão abordá-las a todo o momento. Além disso, essas pessoas podem conhecer e ter amizade com um candidato, mas não concordar com a sua ideologia ou com as suas propostas. Já houve casos de candidatos estimarem um número mínimo de votos que teriam e, abertas as urnas, não terem nem 10% (dez por cento) desse mínimo.

6.2 O descrédito eleitoral

Hoje há um descrédito generalizado da população para com o processo político eleitoral, o que tem gerado um grande número de votos brancos e nulos, fazendo aumentar a alienação política no país. A cada dia, menos pessoas sérias participam do processo político e, com isso, facilitam a eleição de muitos políticos *picaretas*, num autêntico círculo vicioso. Isso acontece porque o descrédito é alimentado pela péssima atuação desses políticos. Para eles, é importante continuar nutrindo a descrença da população com todos os políticos, pois assim eles confundem a opinião pública e possibilitam a sua continuidade no poder.

Numa eleição para vereador essa descrença com a política é muito mais intensa do que em outras eleições, e é agravada por vários motivos. Um deles é que a população, muitas vezes, elege um vereador esperando que ele seja o responsável pelas obras no bairro e, como o vereador não tem poder para isso, há uma certa frustração quando a expectativa não é atendida. E há candidatos que sustentam essa incredulidade ao ficar prometendo coisas que sabem não poder cumprir.

A população, de um modo geral, tem certeza de que o vereador tem a obrigação de encontrar todas as soluções para todas as situações, por mais estranhas que sejam. Desde questões realmente relevantes para a sociedade e que são inerentes ao cargo, a problemas particulares, que nada tem a ver com as responsabilidades de um vereador ou com o bem comum.[66]

Outro motivo que agrava o desinteresse numa eleição para vereador é o alto número de candidatos. Imagine o congestionamento de candidatos que existe na hora da propaganda eleitoral: carreatas utilizando carros de som passando na rua em vários momentos, ruas sujas devido à farta distribuição de material impresso, propaganda na TV sem criatividade (onde a cada dia se despeja o nome de um monte de candidatos), excesso de *posts* nas redes sociais etc. Esse excesso de abordagem, ao invés de incentivar o eleitor a refletir melhor sobre o processo eleitoral e sobre a escolha que ele irá fazer, acaba saturando a cabeça da maioria da população, que, por sua vez, deixa para fazer a sua escolha na reta final da campanha e muitas vezes essa escolha é mal feita.

Tudo isso dificulta muito a atuação dos candidatos sérios e facilita a atuação dos *picaretas*, pois esses últimos não se interessam em fazer propostas concretas e debatê-las, mas sim em usar todo tipo de artifício (mentiras, compra de votos e outras artimanhas) para conseguir votos.

Combater o desinteresse pela política não é uma tarefa fácil, mas é de suma importância para a consolidação da democracia no nosso país. Diante disso, é imprescindível que as entidades da sociedade civil (sindicatos, centros comunitários, OAB, igrejas etc.) discutam o tema e promovam o máximo possível de debates entre os candidatos. É papel também dos candidatos sugerir às referidas entidades que promovam os debates.

---

[66] ROCCAR, Alex. *O livro secreto do marketing eleitoral*: o que só os grandes campeões de votos sabem: Vereador. São Paulo: Xpress edições, 2016. p. 19-20.

O poeta Bertold Brecht (1898-1956) escreveu, há várias décadas, um poema que ataca frontalmente o descrédito político e é mais atual do que nunca:

> O ANALFABETO POLÍTICO
> O pior analfabeto é o analfabeto político.
> Ele não ouve, não fala, não participa
> dos acontecimentos políticos.
> Ele não sabe que o custo de vida,
> o preço do feijão, do peixe, da farinha,
> do aluguel, do sapato e do remédio
> dependem das decisões políticas.
> O analfabeto político é tão burro
> que se orgulha e estufa o peito,
> dizendo que odeia a política.
> Não sabe que de sua ignorância
> nasce a prostituta, o menor abandonado,
> o assaltante e o pior de todos os bandidos,
> que é o político vigarista, pilantra,
> o corrupto e o explorador das
> empresas nacionais e multinacionais.

6.3 Dicas eleitorais

A partir da nossa experiência, apresentamos aqui algumas dicas que podem ser utilizadas em uma campanha para vereador, com o objetivo de tentar um resultado mais favorável ao candidato:

I Em eleição não há voto certo

Cada voto deve ser conquistado. Até mesmo o voto de pessoas muito próximas (parentes, amigos, colegas etc.) pode ser duvidoso e isso acontece por vários motivos. Uma pessoa pode se comprometer a votar em um determinado candidato logo no início da campanha e naquele momento ter convicção do voto, mas durante o processo eleitoral poderá ser abordada por inúmeros outros candidatos que usarão todo tipo de argumento (legal ou ilegal) para tentar mudar o voto daquele eleitor. Uma pessoa poderá comprometer-se com o voto apenas para não desagradar o candidato ou com medo de ser perseguida posteriormente por ele. Pode acontecer também de alguém querer votar em um candidato e, por ser analfabeto ou semialfabetizado, errar na hora de digitar o número na urna eletrônica.

Para evitar uma grande perda de votos, é importante que os eleitores em potencial sejam visitados mais de uma vez durante a campanha. Caso o candidato não possa fazê-lo, devido à falta de tempo, é importante que algum apoiador da campanha faça essas visitas. Os contatos via redes sociais ajudam a manter o vínculo durante a campanha.

II O voto para vereador é pessoal

Como existem muitos candidatos a vereador na disputa, certamente a maioria dos eleitores terá uma relação (amizade, parentesco, profissional, estudantil, eclesial, esportiva, cultural, vizinhança etc.) com algum deles. Essa relação tende a influenciar na decisão do voto, pois as pessoas gostam de votar em quem elas conheçam de perto, independente das propostas e da ideologia que o candidato possa ter. Processo diferente ocorre na eleição para prefeito, na qual o eleitor dificilmente terá uma relação pessoal direta com o candidato, exceto em cidades pequenas, e com isso fará a sua escolha baseada em outros fatores (propaganda, propostas, trabalhos feitos anteriormente etc.).

Diante disso, é importante que quem pleiteia uma candidatura a vereador faça uma relação de todas as pessoas, da infância até os dias atuais, com quem ela já teve uma convivência maior ou menor. Visitar todas essas pessoas, e depois manter contato inclusive pelas redes sociais, certamente fará mais efeito do que simplesmente distribuir milhares de panfletos nas ruas.

III O voto para vereador não é apenas pessoal

Embora haja uma tendência clara e até compreensível de o eleitor priorizar a relação pessoal na hora de escolher o seu candidato, como já explicamos no item anterior, essa não é a única maneira de o eleitor definir o seu candidato. Atualmente tem aumentado o número de pessoas que buscam definir o seu voto analisando bem as propostas e o passado do candidato e do partido a que ele pertence, independente se ele é ou não amigo, o que é correto.

Também poderão ocorrer situações como aquela em que o eleitor conheça e tenha relação com inúmeros candidatos. Nesse caso, ele poderá recorrer a uma análise da proposta política dos referidos candidatos para fazer a sua escolha.

É importante que o candidato tenha claro quais são as suas propostas e a do partido a que pertence, bem como a convicção em defendê-las, mas sem demagogia. Caso contrário, a candidatura ficará vazia, o que o levará a apelar às pessoas para votar nele apenas pela amizade ou por outra relação de afinidade que tenham.

IV Ninguém está eleito

O fato de uma campanha estar sendo bem aceita não quer dizer que o candidato já esteja eleito. Isso pode até prejudicar a campanha, pois *candidato eleito não precisa mais de voto*. Já houve, em várias eleições, candidatos os quais todos consideravam que seriam os mais votados e sequer foram eleitos. Além disso, os próprios adversários podem espalhar *boatos* dizendo que o candidato já está eleito e com isso tirar votos certos dele.

Para combater tal fator é importante alertar todos os apoiadores, principalmente os mais eufóricos, sobre os riscos do excesso de confiança, pois eles podem, sem querer, é claro, prejudicar a campanha do candidato em que eles tanto acreditam.

V Ninguém está derrotado

Outro fator que pode tirar muitos votos de um candidato é o boato de que ele não tem chance nenhuma em ganhar a eleição. Diante disso, mesmo que o candidato tenha consciência de que dificilmente ganhará a eleição e estará participando dela apenas para divulgar as suas propostas, e contribuir com o partido do qual é filiado, é importante que faça uma campanha com o objetivo de ganhar a eleição. Do contrário, ao apresentar a sua candidatura já derrotada, ele provocará um desânimo no seu eleitorado e terá bem menos votos do que ele esperava.

VI Fazer uma campanha simples e direcionada

É importante racionalizar, ao máximo, os poucos recursos disponíveis, direcionando a campanha para os locais (redutos) onde há uma maior chance de retorno eleitoral. Além disso, deve ser priorizado o contato direto com eleitor; além de ser uma tarefa barata, pode trazer bons resultados na medida em que este tipo de campanha tem um peso significativo na escolha do voto para vereador.

VII Campanha de massa também é importante

A campanha de massa (carro de som, panfletos, rádio, televisão, *posts* nas redes sociais etc.), além de ser relativamente cara (exceto o uso das redes sociais), não atua de forma tão decisiva numa campanha para vereador, já que o contato direto com o eleitor é prioritário. Entretanto, é importante para consolidar a posição do candidato perante o eleitorado, para garantir os votos que já conquistou e para angariar o voto de eleitores indecisos. A campanha de um candidato que faça apenas contatos diretos com o eleitor, mesmo que ela tenha uma boa receptividade, mas não tenha campanha na rua, poderá desanimar o seu próprio eleitorado. As pessoas gostam de votar em candidato que tenha chance de ganhar, *para não perder o voto*, conforme diz a nossa cultura popular.

Vale a pena ressaltar que, quanto maior a cidade, maior deverá ser a prioridade dada à campanha de massa. Em grandes metrópoles, é praticamente impossível o candidato fazer contatos com todos os eleitores e aí ela terá um papel fundamental.

A campanha pelas redes sociais atualmente tem um papel prioritário e ela pode ser considerada tanto uma campanha de massa (pois pode atingir muitas pessoas ao mesmo tempo) quanto uma campanha direcionada (atinge um público mais específico do candidato).

VIII As pessoas mais simples têm dificuldade de votar

Os candidatos que têm reduto em bairros mais humildes podem perder alguns votos devido à dificuldade que as pessoas têm em digitar o número na urna eletrônica. E em eleição para vereador um voto perdido pode derrotar o candidato.

Uma solução para isso é a realização de eleições simuladas em alguns bairros. A Justiça Eleitoral pode levar a urna eletrônica para alguns locais para as pessoas aprenderem a votar de maneira simulada, muito embora esse treino seja com candidatos e partidos fictícios.

O material de propaganda mais importante para resolver isso é um conhecido por cédula eleitoral, também conhecida como *cola eleitoral* em que o eleitor é bem orientado como votar e pode levar consigo para a cabine eleitoral.

6.4 Como o candidato pode ser enganado

Como a maioria dos candidatos a vereador são *marinheiros de primeira viagem*, com pouca ou nenhuma experiência em campanha eleitoral, tornam-se presas fáceis para aqueles que querem enganá-los e até tirar proveito de sua ignorância. Abaixo, listamos algumas das situações em que o candidato pode ser enganado:

- uma gráfica pode prometer fazer o material de campanha a um preço convidativo, mas entregar um número menor do que o prometido (ninguém vai contar se foram entregues 18.000 ou 20.000 panfletos). É o famoso *barato que sai caro*;
- muitos *amigos* oferecem os seus serviços profissionais afirmando ser por um *preço baixo*, só que acima do que é praticado no mercado. Caso o candidato não faça uma pesquisa de preços antes de decidir por sua contratação, acaba pagando mais caro e ainda fica devendo favor ao *amigo*;
- aquelas pessoas que são contratadas pelo candidato para distribuir folhetos na rua podem, para *mostrar serviço*, pegar muito material, mas jogar fora na primeira lata de lixo que encontram (ou no próprio chão, o que é bem pior, além de depor contra a imagem do candidato) e depois voltam ao comitê e pegam mais material. Alguns deles são até elogiados pela sua *eficiência*;
- existem alguns cabos eleitorais que prometem o voto da família, dos moradores da rua ou até mesmo de todo o bairro (até parecem que dominam a consciência de todo mundo), desde que, em troca, recebam algum favor (dinheiro, emprego, material de construção etc.). O candidato, iludido pela promessa de votos, acaba entrando no negócio. Entretanto, na maioria dos casos, os votos acabam não vindo, pois o referido cabo eleitoral negocia os prometidos votos com vários candidatos ao mesmo tempo. É a mesma situação de um falso corretor de imóveis que vende um mesmo lote a várias pessoas;
- quando alguém ainda é um pré-candidato, vários partidos costumam convidá-lo a filiar-se, dizendo que o mesmo tem vaga garantida como candidato a vereador. Porém, nem

sempre essa garantia é respeitada durante a convenção que escolhe os candidatos. Por isso, é bom ter muito cuidado;
- quando a direção partidária é hostil a determinado candidato, ela pode criar algumas dificuldades para o mesmo. Uma delas é escalar o candidato para aparecer no programa eleitoral gratuito com um tempo menor do que os demais ou em um dia ruim. É importante o candidato estar alerta e fiscalizar bem a divisão do tempo dos programas eleitorais no rádio e na televisão. Outra dificuldade que pode ser criada é o envio do registro do candidato com erro (proposital) em algum dado relevante ou também a destinação de recursos do fundo eleitoral de maneira insuficiente.

Obs.: Mesmo com toda a superficialidade das redes sociais, tem uma prática ruim que ela pode desestimular que é o caso de pessoas que se comprometem com vários candidatos ao mesmo tempo como forma de levar alguma vantagem. Caso uma pessoa seja realmente apoiadora de determinado candidato ou candidata ela poderá inserir o nome do candidato e o número em seu perfil público. Com isso ela se compromete publicamente com um candidato e dificilmente conseguirá *seguir dois ou mais senhores* (candidatos).

CAPÍTULO 7

A ORGANIZAÇÃO DE UMA CAMPANHA

Para termos sucesso em qualquer empreendimento na nossa vida, a organização é um requisito fundamental. Numa eleição, isso não é diferente e podemos dizer até que é muito mais necessária. Durante o processo eleitoral, é preciso realizar muitas coisas em pouquíssimo tempo e, por isso, *a organização faz a diferença*.

Também é importante lembrar que, quanto maior o município, maiores serão os requisitos de organização, além de exigirem uma soma maior de recursos, sejam eles humanos, sejam financeiros ou estruturais.

7.1 O comitê eleitoral

O comitê eleitoral é entendido geralmente como o local físico onde a campanha eleitoral é organizada. E é importante que haja esse local, que será uma referência durante a campanha toda. Ele pode funcionar em algum imóvel cedido ou alugado ou na própria casa do candidato (muitas vezes, pode ser feito na própria garagem), lembrando que todas essas despesas devem ser declaradas à Justiça Eleitoral. No comitê é que serão feitas as reuniões de campanha e ficará armazenado o que será utilizado no decorrer dela. Também é o local em que a população poderá procurar o candidato ou seus apoiadores para buscar mais informações e ter acesso ao material de campanha.

Comitê eleitoral também pode ser entendido como o grupo de pessoas (apoiadores e simpatizantes) que se reúne em torno do candidato, para preparar e apoiar a sua campanha. Na realidade, um comitê eleitoral para funcionar bem, terá que ter as duas partes: o local físico e os apoiadores.

Em candidaturas com maior potencial eleitoral, é importante que haja um comitê central, que preparará as atividades principais de campanha e comitês por bairro, local de trabalho, escola etc. que prepararão as atividades localizadas da campanha.

7.2 A coordenação da campanha

É importante que o candidato reúna, dentre todos os seus apoiadores, um grupo mais próximo formado por pessoas que tenham um bom poder de liderança e um pouco de disponibilidade de tempo (não é necessário ser integral, embora isso fosse o ideal), para que seja formada uma *coordenação* de campanha.

A forma de escolha pode ser por eleição entre os apoiadores, ou feita pelo próprio candidato. O importante é que haja concordância de todas as partes ou pelo menos da ampla maioria com os nomes que forem escolhidos. O número de membros não poderá ser muito grande, senão ela terá dificuldades de reunir-se e perderá em muito a sua agilidade.

A coordenação de campanha deverá reunir-se periodicamente com o candidato, para preparar as ações a serem desenvolvidas, bem como avaliar aquelas que foram feitas. É importante também que cada membro tenha uma função específica: finanças, agenda, secretaria, material de propaganda, infraestrutura etc. Essas pessoas com funções específicas podem criar, inclusive, subgrupos auxiliadores nos seus trabalhos. Entretanto, deve-se tomar cuidado com a criação de um número excessivo de grupos, subgrupos e comissões; há o risco de multiplicarem-se as reuniões sem resultados concretos.

A coordenação deve assumir o máximo possível as atividades burocráticas que possam recair sobre o candidato, para evitar que ele fique sobrecarregado e tenha pouco tempo útil para fazer campanha. Além disso, deverá encaminhar aquilo que for decidido nas reuniões do comitê eleitoral.

Os comitês de bairro, local de trabalho, escola etc. também poderão ter as suas coordenações próprias que devem atuar em sintonia permanente com a central da campanha. Essa sintonia é importante para o sucesso das atividades que serão desenvolvidas.

A possibilidade de comunicação eletrônica via telefone celular, e-mail, aplicativo de mensagens etc. tem o condão de agilizar muito uma campanha, caso os referidos instrumentos sejam bem utilizados.

7.3 Fases de uma campanha

Uma campanha bem planejada deve ter um bom controle do calendário de atividades, pois cada uma delas deverá ser executada em uma época própria. Esse calendário deve também levar em conta o calendário da Justiça Eleitoral. Uma campanha pode ser dividida em fases, como as relacionadas abaixo:

- *A primeira fase* ocorre nos anos anteriores à eleição e representa tudo o que alguém que tenha possibilidade de ser candidato ou candidata, tenha feito e que o torne conhecido pelas pessoas e reconhecido pelo seu trabalho. O histórico da pessoa fala muito alto no momento em que o eleitor decide o seu voto. A possibilidade de uma candidatura pode ter vários motivos, dentre os quais: um sonho da pessoa, um projeto de caráter ideológico, uma indicação de setores sociais em que a pessoa se destaca como líder, uma indicação do partido político em que a pessoa é filiada e assim por diante.

- *A segunda fase* começa no início do ano e vai até o mês de junho e é conhecida como a fase preparatória. Nesse período o pré-candidato deve inicialmente refletir sobre a sua decisão política de ser candidato bem como de sua viabilidade. É importante fazer contatos com prováveis apoiadores para ter uma ideia inicial da aceitação da sua candidatura e, também, para ter pessoas que o ajudem a tomar as decisões necessárias. Nessa fase, a partir do momento em que a pessoa decidir realmente sair candidata, deverá começar a preparar a estrutura de campanha, já que durante a campanha eleitoral propriamente dita, haverá pouco tempo para isso. Também poderá fazer atividades de pré-campanha em que poderá divulgar que é pré-candidato, embora não poderá pedir votos, mas poderá divulgar suas ideias. Nessa fase o pré-candidato deverá observar qual é o seu prazo de desincompatibilização de algum cargo que exerça, conforme o caso. Pode ser um prazo de seis meses, quatro meses ou de três meses antes da eleição, conforme já abordado no capítulo 4.

- *A terceira fase* inicia no mês de julho e nela está contida a *convenção partidária* (cujo prazo limite é 05 de agosto) e vai até o início da propaganda eleitoral permitida (que é liberada após 15 de agosto). É um período em que já houve a decisão pessoal da candidatura e a pré-campanha, bem como a organização da futura campanha deve estar *a todo o vapor*, mas ainda não houve definição partidária, pois isso dependerá da convenção. É um período de amplas articulações políticas, principalmente sobre o candidato majoritário e suas coligações. Em regra, é um período tenso e que a chapa proporcional também estará sendo debatida.

- *A quarta fase* é a campanha eleitoral propriamente dita, que vai desde o dia 16 de agosto até a reta final de campanha, que somente pode ser realizada até às 22 horas do dia que antecede ao dia da eleição, que ocorre sempre no primeiro domingo de outubro, lembrando que parte da propaganda eleitoral somente pode ser feita até a antevéspera da eleição (artigos 43, 47 e 49 da Lei nº 9.504/1997). É um período muito intenso e desafiante, pois quem postula o mandato terá que andar muito, fazer muitos contatos, participar de várias atividades, postar coisas consistentes nas redes sociais em uma verdadeira corrida contra o tempo. E na reta final a intensidade de tudo aumenta e vai fazer a diferença quem fez um bom planejamento de campanha. Deve-se lembrar que muitos eleitores decidem o voto para as eleições proporcionais nos últimos dias antes da eleição.

- *A quinta fase* compreende o processo de fiscalização de votação e de apuração que devem ser acompanhadas pelo candidato, bem como uma avaliação que deve ser feita pelo comitê do candidato, sendo a campanha vitoriosa ou não, além de ser feito o devido agradecimento aos eleitores pelo voto. Esse gesto deve ser feito não somente com uma postagem nas redes sociais, mas também com a visita aos locais que esteve fisicamente durante a campanha e também com telefonemas. É um momento importante para o candidato, eleito ou não, reforçar a sua liderança e se preparar para embates futuros.

A quarta fase é a que necessita de uma maior organização, pois envolve muitas atividades, algumas até simultaneamente. A pessoa (ou o grupo de pessoas) responsável pela agenda deverá preparar um calendário que o candidato possa cumprir e também que esteja em consonância com o comitê de campanha do candidato majoritário.

7.4 A pré-campanha

As três primeiras fases citadas no item anterior podem ser classificadas como fases de pré-campanha, em que o candidato poderá expor as suas ideias para o eleitorado, *mas não poderá pedir explicitamente voto*. Embora não seja campanha propriamente dita, é uma etapa em que é decisiva para alguém ter viabilidade eleitoral.

Antes a propaganda eleitoral era feita em um período maior, de quase três meses. Após a edição da Lei nº 13.165/2015 ela somente pode iniciar em 16 de agosto (dura cerca de 45 dias). Então, a campanha típica, pedindo voto, distribuindo material, é feita em um período muito pequeno. Isso dificulta muito os candidatos iniciantes e beneficia quem já é muito conhecido do público.

Por outro lado, a legislação, que antes era muito restritiva no período pré-eleitoral, permitiu aos pré-candidatos algumas práticas no período de pré-campanha cujas condutas não são caracterizadas como propaganda eleitoral antecipada e, portanto, não são puníveis.

O art. 36-A da Lei nº 9.504/1997, com a redação dada pelas Leis nºs 12.891/2013,[67] 13.165/2015 e 13.488/2017,[68] disciplina a pré-campanha, e está transcrito a seguir:

> Art. 36-A. Não configuram propaganda eleitoral antecipada, desde que não envolvam pedido explícito de voto, a menção à pretensa candidatura, a exaltação das qualidades pessoais dos pré-candidatos e os seguintes atos, que poderão ter cobertura dos meios de comunicação social, inclusive via internet:
>
> I - a participação de filiados a partidos políticos ou de pré-candidatos em entrevistas, programas, encontros ou debates no rádio, na televisão e na internet, inclusive com a exposição de plataformas e projetos políticos, observado pelas emissoras de rádio e de televisão o dever de conferir tratamento isonômico;

---

[67] BRASIL. Lei nº 12.891, de 11 de dezembro de 2013. Altera as Leis nºs 4.737, de 15 de julho de 1965, 9.096, de 19 de setembro de 1995, e 9.504, de 30 de setembro de 1997, para diminuir o custo das campanhas eleitorais, e revoga dispositivos das Leis nºs 4.737, de 15 de julho de 1965, e 9.504, de 30 de setembro de 1997.

[68] BRASIL. Lei nº 13.488, de 6 de outubro de 2017. Altera as Leis nºs 9.504, de 30 de setembro de 1997 (Lei das Eleições), 9.096, de 19 de setembro de 1995, e 4.737, de 15 de julho de 1965 (Código Eleitoral), e revoga dispositivos da Lei nº 13.165, de 29 de setembro de 2015 (Minirreforma Eleitoral de 2015), com o fim de promover reforma no ordenamento político-eleitoral.

II - a realização de encontros, seminários ou congressos, em ambiente fechado e a expensas dos partidos políticos, para tratar da organização dos processos eleitorais, discussão de políticas públicas, planos de governo ou alianças partidárias visando às eleições, podendo tais atividades ser divulgadas pelos instrumentos de comunicação intrapartidária;

III - a realização de prévias partidárias e a respectiva distribuição de material informativo, a divulgação dos nomes dos filiados que participarão da disputa e a realização de debates entre os pré-candidatos;

IV - a divulgação de atos de parlamentares e debates legislativos, desde que não se faça pedido de votos;

V - a divulgação de posicionamento pessoal sobre questões políticas, inclusive nas redes sociais;

VI - a realização, a expensas de partido político, de reuniões de iniciativa da sociedade civil, de veículo ou meio de comunicação ou do próprio partido, em qualquer localidade, para divulgar ideias, objetivos e propostas partidárias.

VII - campanha de arrecadação prévia de recursos na modalidade prevista no inciso IV do §4º do art. 23 desta Lei.

§1º É vedada a transmissão ao vivo por emissoras de rádio e de televisão das prévias partidárias, sem prejuízo da cobertura dos meios de comunicação social.

§2º Nas hipóteses dos incisos I a VI do *caput*, são permitidos o pedido de apoio político e a divulgação da pré-candidatura, das ações políticas desenvolvidas e das que se pretende desenvolver.

§3º O disposto no §2º não se aplica aos profissionais de comunicação social no exercício da profissão.

Em 2024, a Resolução 23.732/2024[69] do TSE alterou Res.-TSE nº 23.610, de 18 de dezembro de 2019, que dispõe sobre a propaganda eleitoral, e atualizou o rol exposto acima, especificamente no que trata o inciso V, acrescentando as hipóteses de atos que não configuram propaganda eleitoral antecipada, os posicionamentos pessoais, dados divulgados em *shows*, apresentações e performances artísticas.

Basicamente o pré-candidato poderá falar de suas ideias, de suas convicções, divulgar a sua atuação e até mesmo falar que é pré-candidato, *mas não poderá pedir voto*.

---

[69] BRASIL. *Resolução nº 23.610, de 18 de dezembro de 2019*. Dispõe sobre a propaganda eleitoral (Redação dada pela Resolução nº 23.732/2024). Disponível em: https://www.tse.jus.br/legislacao/compilada/res/2019/resolucao-no-23-610-de-18-de-dezembro-de-2019. Acesso em: 13 fev. 2024.

Também deve ser registrada a permissão, nos termos do art. 36 §1º da Lei nº 9.504/1997, para o postulante à candidatura a cargo eletivo realizar, na quinzena anterior à escolha pelo partido, propaganda intrapartidária com vista à indicação de seu nome, vedado o uso de rádio, televisão e *outdoor*.

CAPÍTULO 8

O CONTROLE DAS FINANÇAS

Historicamente, as nossas leis eleitorais têm determinado normas até bem rigorosas para o controle das finanças em campanha eleitoral, principalmente com referência a proibições. Infelizmente isso não evitou que as regras sejam burladas muitas vezes resultando em prestações de contas que não retratam a realidade do que ocorreu efetivamente durante a campanha eleitoral.

Os artigos 16-C, 16-D e 17 a 32 da Lei nº 9.504/97 são os que regulamentam a arrecadação e a aplicação de recursos nas campanhas eleitorais, bem como a prestação de contas, e merecem uma leitura atenta (acompanhada também de uma leitura das resoluções do TSE sobre o assunto e que disciplinam os detalhes) por parte dos candidatos e coordenadores de campanha. Essa leitura é muito importante, pois um candidato pode fazer uma campanha séria e conseguir os votos necessários para a sua eleição, mas, caso não tenha observado as regras básicas de prestação de contas, poderá ter o seu registro cassado pela Justiça Eleitoral, que pode fazê-lo por iniciativa própria ou por representação de candidato ou partido adversários. Não obstante, dependendo da irregularidade cometida, poderá o candidato ser processado pela prática de crime eleitoral.

8.1 Orientações básicas

Uma das primeiras providências do candidato a vereador é verificar o limite máximo de gastos com a campanha eleitoral que devem ser definidos por lei e divulgados pelo TSE.

Pelo Art. 18-C da Lei 9.504/1997 (inserido pela Lei nº 13.878/2019[70]) "O limite de gastos nas campanhas dos candidatos às eleições para prefeito e vereador, na respectiva circunscrição, será equivalente ao limite para os respectivos cargos nas eleições de 2016, atualizado pelo Índice Nacional de Preços ao Consumidor Amplo (IPCA), aferido pela Fundação Instituto Brasileiro de Geografia e Estatística (IBGE), ou por índice que o substituir". Os valores atualizados serão divulgados por ato editado pelo presidente do TSE, cuja publicação deverá ocorrer até o dia 20 de julho do ano da eleição.

É importante o candidato confirmar sempre com a direção partidária sobre as informações atualizadas, bem como os detalhes para gastos e futura prestação de contas. Também deverá observar os art. 20 e 21 da Lei nº 9.504/1997 transcritos a seguir:

> Art. 20. O candidato a cargo eletivo fará, diretamente ou por intermédio de pessoa por ele designada, a administração financeira de sua campanha usando recursos repassados pelo partido, inclusive os relativos à cota do Fundo Partidário, recursos próprios ou doações de pessoas físicas, na forma estabelecida nesta Lei.
>
> Art. 21. O candidato é solidariamente responsável com a pessoa indicada na forma do art. 20 desta Lei pela veracidade das informações financeiras e contábeis de sua campanha, devendo ambos assinar a respectiva prestação de contas.

É obrigatório para os candidatos abrir conta bancária específica para registrar o movimento financeiro da campanha, sendo que isso não é exigido para o caso dos municípios onde não exista agência bancária ou posto de atendimento. Além disso, é importante ressaltar que, de acordo com o §1º do art. 22 da Lei nº 9.504/97, os bancos são obrigados a acatar o pedido de abertura de conta de qualquer candidato escolhido em convenção, destinada à movimentação financeira da campanha, sendo-lhes vedado condicioná-la a depósito mínimo.

Cumpridos esses requisitos iniciais, poderá o candidato receber os recursos financeiros em cheque ou depósito bancário (vedado o recebimento em espécie), contabilizá-los e gastá-los. Qualquer gasto feito deverá ter a cobertura de documento comprobatório sendo que o mais importante é a Nota Fiscal, que deverá ser exigida a toda pessoa ou empresa que vender mercadorias ou serviços aos candidatos (em

---

[70] BRASIL. Lei nº 13.878, de 3 de outubro de 2019. Altera a Lei nº 9.504, de 30 de setembro de 1997, a fim de estabelecer os limites de gastos de campanha para as eleições municipais.

alguns casos, a legislação tributária dispensa a obrigatoriedade de emissão da Nota Fiscal). A partir de decisão do TSE em 2022.[71]

O TSE poderá também expedir resoluções com detalhes sobre o controle financeiro, e que deverão ser observados pelos candidatos; o seu cumprimento durante o processo eleitoral é importantíssimo para facilitar a prestação de contas. É muito comum o candidato descobrir, após as eleições, que deveria ter observado um determinado procedimento e não o fez; então, pode apresentar dificuldades em prestar contas, pois raramente algum registro poderá ser feito com data retroativa.

Uma coisa que facilita para a prestação final de contas da campanha é a exigência de que a prestação de contas seja feita de maneira concomitante com a campanha. Esta exigência existe desde 2006. Atualmente esse dever está prescrito no art. 28 §4º da Lei nº 9.504/1997 que obriga a divulgação, em sítio criado na internet pela Justiça Eleitoral, dos recursos em dinheiro (via cheque ou depósito bancário) recebidos para financiamento da campanha eleitoral em até 72 (setenta e duas horas) do seu recebimento. O candidato também deverá disponibilizar no dia 15 de setembro relatório discriminando as transferências do Fundo Partidário, os recursos em dinheiro e os estimáveis em dinheiro recebidos, bem como os gastos, mas deverá enviar os dados à Justiça Eleitoral do dia 09 até *no máximo o dia 13 de setembro de 2020*, nos termos da Resolução nº 23.607/2019, que dispõe sobre arrecadação e gastos de recursos por partidos políticos e candidatas ou candidatos e sobre a prestação de contas nas eleições.

8.2 Fontes de recursos

O candidato pode receber recursos de várias fontes: do partido político a que estiver filiado, do próprio candidato (*recursos próprios*), de pessoas físicas (*doações*), da venda de materiais.

Fundo Especial de Financiamento de Campanha (FEFC)

Foi criado pela Lei nº 13.487/2017 que inseriu os artigos 16-C e 16-D na Lei nº 9.504/1997. O FEFC é formado por recursos públicos do

---

[71] Disponível em: https://www.tse.jus.br/comunicacao/noticias/2022/Maio/tse-autoriza-transacoes-via-pix-para-arrecadacao-de-campanha-nas-eleicoes-2022.

orçamento federal, que é aprovado pelo Congresso Nacional, e será distribuído aos partidos políticos, segundo critérios que privilegiam os que têm mais parlamentares eleitos.

O FEFC tem sido uma das principais fontes de financiamento eleitoral, principalmente depois que o STF, ao apreciar a ADI 4.650 proibiu o recebimento de doações eleitorais por parte de pessoa jurídica. Vale a pena registrar que a proibição desse tipo de financiamento também decorre da Lei nº 13.165/2015, que retirou do art. 20 da Lei nº 9.504/1997 a possibilidade de recebimento de doação eleitoral de pessoa jurídica.

Quem decide sobre os critérios de distribuição dentro de um partido é a sua Comissão Executiva Nacional, necessitando a aprovação da maioria absoluta dos seus membros. Somente após a definição desses critérios, que deverão ser divulgados, é que os partidos terão os recursos do FEFC à sua disposição.

Um dos problemas desse fundo é que a sua distribuição interna dentro dos partidos ficou totalmente nas mãos de sua executiva nacional, o que pode resultar em privilégio para determinados candidatos em detrimento de outros. De qualquer maneira é importante que os candidatos acompanhem o processo de decisão abordado no parágrafo anterior.

Mas é bom lembrar que os partidos deverão não somente respeitar as cotas de gênero, mas também destinar recursos suficientes para os candidatos e as candidatas. Cada gênero deverá ter no mínimo não somente 30% (trinta por cento) das vagas, mas também no mínimo 30% dos recursos do fundo eleitoral.

Fundo partidário

Muito antes do FEFC já existia o *fundo partidário*, que é regulamentado pela Lei nº 9.096/95 (dispõe sobre os partidos políticos), nos artigos 38 a 44, e basicamente é composto por recursos advindos das multas aplicadas por inobservância da legislação eleitoral, por recursos destinados por lei, por doações de pessoas físicas e jurídicas e por uma dotação orçamentária da União.

Os recursos do fundo partidário são distribuídos aos órgãos nacionais dos partidos, de acordo com os critérios estabelecidos na Lei nº 9.096/95 em que o que mais influencia para determinar o percentual a que cada um tem direito é a proporção de votos que cada um teve na última eleição para a Câmara dos Deputados. Os partidos políticos podem destinar partes desses recursos para os seus órgãos estaduais e municipais.

Em regra, é um recurso utilizado para as atividades partidárias do dia a dia, mas que também podem ser investidos nas campanhas eleitorais e isso depende do partido político.

Recursos próprios

O candidato poderá utilizar recursos próprios (salário, poupança, rendas diversas, carro, escritório etc.) na campanha, desde que os contabilize. Entretanto, esses gastos estão limitados. Antes estavam limitados ao valor máximo de gastos eleitorais que fosse fixado pelo partido.

Entretanto, a partir da Lei nº 13.878/2019, que inseriu o §2º-A do art. 23 na Lei nº 9.504/1997, foi inserido um limite sendo que: "O candidato poderá usar recursos próprios em sua campanha até o total de 10% (dez por cento) dos limites previstos para gastos de campanha no cargo em que concorrer".

Mesmo o gasto com recursos próprios tendo um limite imposto pela lei, o candidato necessita sobrepesar sobre o que poderá investir. Muitas vezes esse valor, mesmo limitado, é muito para o candidato desembolsar por conta própria, pois ele não deve investir aquilo que é essencial para a sua sobrevivência e de sua família. Também não deverá desfazer de seu patrimônio ou de parte dele para investir em campanha eleitoral. O trabalho político deve ser encarado como um serviço à comunidade e não como um investimento do qual se espera retorno financeiro.

Doações

O candidato poderá receber doações e contribuições de pessoas físicas, desde que obedecidos alguns limites. Uma pessoa física só poderá contribuir com, no máximo, dez por cento dos rendimentos brutos que ela tenha auferido no ano anterior à eleição. A doação a candidato específico ou a partido deverá fazer-se mediante recibo, em formulário impresso, segundo modelo constante do Anexo à Lei nº 9.504/97, exceto nos casos em que a prestação de contas é dispensada de acordo com no §6º do art. 28.

É importante registrar que é possível a doação através do mecanismo disponível em sítio do candidato ou partido na internet, permitindo inclusive o uso de *cartão de crédito* nos termos do Inciso III do art.23 da Lei nº 9.504/1997, devendo o doador ser identificado e emitido o recibo eleitoral.

Há uma inovação, trazida pela Lei nº 13.488/2017, que introduziu na Lei nº 9.504/1997 os parágrafos 3º e 4º do art. 22-A, que é a possibilidade de arrecadação prévia, de contribuintes pessoas físicas, através de entidades arrecadadoras, que pode ser feita pelos pré-candidatos a partir do dia 15 de maio do ano eleitoral. Essa prática é conhecida como *crowdfunding* ou também como *vaquinha eleitoral*.

Essas entidades são "instituições que promovem técnicas e serviços de financiamento coletivo por meio de sítios na internet, aplicativos eletrônicos e outros recursos similares" e deverão cumprir os requisitos previstos no inciso IV do §4º do art. 23 também da Lei nº 9.504/1997 que basicamente se referem à obrigatoriedade de cadastro prévio, de transparência dos dados e outras regras relacionadas às doações eleitorais. Os recursos somente serão liberados para a campanha eleitoral caso ocorra o registro da candidatura e não sendo efetivado o referido registro, a entidade deverá devolver aos doadores.

É uma opção para as pessoas que são pré-candidatas e quem optar deverá estudar bem as regras que estão nos dispositivos legais aqui mencionados. Entretanto não é algo simples, não em termos das regras, pois elas estão bem definidas na lei. Não é simples por uma questão cultural, pois no Brasil não há uma tradição das pessoas físicas contribuírem com a campanha eleitoral. Há uma ideia de que "o candidato que deve trazer recursos para as pessoas e não o contrário" o que é uma cultura que favorece a troca de favores por votos e que faz germinar a corrupção.

Também há a possibilidade de *comercialização* de bens e/ou serviços, ou promoção de eventos de arrecadação realizados diretamente pelo candidato ou pelo partido político, nos termos do Inciso V do art. 23 da Lei nº 9.504/1997.

8.3 De quem o candidato não pode receber doação em hipótese nenhuma

O principal limite existente é a proibição de recebimento de recursos de pessoa jurídica para campanha eleitoral. Isso decorre da Lei nº 13.165/2015, que retirou do art. 20 da Lei nº 9.504/1997 a possibilidade de recebimento de doação eleitoral de pessoa jurídica e também de determinação do STF quando julgou a ADI 4650/DF,[72] cujo Acórdão está transcrito a seguir:

> ACÓRDÃO
>
> Vistos, relatados e discutidos estes autos, acordam os Ministros do Supremo Tribunal Federal, em Sessão Plenária, sob a Presidência do Senhor Ministro Ricardo Lewandowski, na conformidade da ata de julgamento e das notas taquigráficas, por maioria e nos termos do voto do Ministro Relator, em julgar procedente em parte o pedido formulado na ação direta para declarar a inconstitucionalidade dos dispositivos legais que autorizavam as contribuições de pessoas jurídicas às campanhas eleitorais, vencidos, em menor extensão, os Ministros Teori Zavascki, Celso de Mello e Gilmar Mendes, que davam interpretação conforme, nos termos do voto ora reajustado do Ministro Teori Zavascki. O Tribunal rejeitou a modulação dos efeitos da declaração de inconstitucionalidade por não ter alcançado o número de votos exigido pelo art. 27 da Lei 9.868/99, e, consequentemente, a decisão aplica-se às eleições de 2016 e seguintes, a partir da Sessão de Julgamento, independentemente da publicação do acórdão. Com relação às pessoas físicas, as contribuições ficam reguladas pela lei em vigor.
>
> Brasília, 17 de setembro de 2015.
>
> LUIZ FUX - RELATOR
>
> Documento assinado digitalmente

Da época em que era possível a doação por parte de pessoa jurídica a legislação enumerava uma série de situações em que não era possível a doação eleitoral, mas que agora não fazem mais tanto sentido, pois há uma proibição taxativa contra qualquer tipo de doação de pessoa jurídica. Diante disso, caso alguém queira se informar sobre as proibições existentes antes da decisão do STF é importante ler o art. 24 da Lei nº 9.504/1997.

De qualquer maneira, é importante o candidato e o partido terem claro que não poderão receber nenhuma forma de apoio de pessoa jurídica (empresa, governo, organização da sociedade civil, entidade sindical etc.) mesmo que não seja financeira. Os proprietários da empresa, com seus recursos de pessoa física, poderão sim fazer doações, dentro das regras previstas na legislação eleitoral.

---

[72] Disponível em: http://portal.stf.jus.br/processos/downloadPeca.asp?id=308746530&ext=.pdf. Acesso em: 20 out. 2019.

8.4 O que é considerado como gasto eleitoral

Muitas vezes, o candidato pode pensar que gasto eleitoral é apenas o material pago efetivamente em dinheiro. Entretanto, qualquer contribuição recebida ou gasto feito que seja estimável em dinheiro deve ser contabilizado. O art. 26 da Lei nº 9.504/97, a seguir citado, determina o que é gasto eleitoral:

> Art. 26. São considerados gastos eleitorais, sujeitos a registro e aos limites fixados nesta Lei:
>
> I - confecção de material impresso de qualquer natureza e tamanho, observado o disposto no §3º do art. 38 desta Lei;
>
> II - propaganda e publicidade direta ou indireta, por qualquer meio de divulgação, destinada a conquistar votos;
>
> III - aluguel de locais para a promoção de atos de campanha eleitoral;
>
> IV - despesas com transporte ou deslocamento de candidato e de pessoal a serviço das candidaturas, observadas as exceções previstas no §3o deste artigo
>
> V - correspondência e despesas postais;
>
> VI - despesas de instalação, organização e funcionamento de Comitês e serviços necessários às eleições;
>
> VII - remuneração ou gratificação de qualquer espécie a pessoal que preste serviços às candidaturas ou aos comitês eleitorais;
>
> VIII - montagem e operação de carros de som, de propaganda e assemelhados;
>
> IX - a realização de comícios ou eventos destinados à promoção de candidatura;
>
> X - produção de programas de rádio, televisão ou vídeo, inclusive os destinados à propaganda gratuita;
>
> XI - (Revogado);
>
> XII - realização de pesquisas ou testes pré-eleitorais;
>
> XIII - (Revogado);
>
> XIV -(revogado);
>
> XV - custos com a criação e inclusão de sítios na internet e com o impulsionamento de conteúdos contratados diretamente com provedor da aplicação de internet com sede e foro no País;

Importante registrar que foram acrescentados vários parágrafos ao artigo supracitado e que veiculam limitações aos gastos permitidos os quais são de observância obrigatória e que estão citados a seguir, ressaltando que os parágrafos 4º, 5º e 6º são novidades introduzidas no ano de 2019:

§1º São estabelecidos os seguintes limites com relação ao total do gasto da campanha:

I - alimentação do pessoal que presta serviços às candidaturas ou aos comitês eleitorais: 10% (dez por cento);

II - aluguel de veículos automotores: 20% (vinte por cento).

§2º Para os fins desta Lei, inclui-se entre as formas de impulsionamento de conteúdo a priorização paga de conteúdos resultantes de aplicações de busca na internet.

§3º Não são consideradas gastos eleitorais nem se sujeitam a prestação de contas as seguintes despesas de natureza pessoal do candidato:

a) combustível e manutenção de veículo automotor usado pelo candidato na campanha;

b) remuneração, alimentação e hospedagem do condutor do veículo a que se refere a alínea "a" deste parágrafo;

c) alimentação e hospedagem própria;

d) uso de linhas telefônicas registradas em seu nome como pessoa física, até o limite de três linhas.

§4º As despesas com consultoria, assessoria e pagamento de honorários realizadas em decorrência da prestação de serviços advocatícios e de contabilidade no curso das campanhas eleitorais serão consideradas gastos eleitorais, mas serão excluídas do limite de gastos de campanha.

§5º Para fins de pagamento das despesas de que trata este artigo, inclusive as do §4º deste artigo, poderão ser utilizados recursos da campanha, do candidato, do fundo partidário ou do FEFC.

§6º Os recursos originados do fundo de que trata o art. 16-C desta Lei utilizados para pagamento das despesas previstas no §4º deste artigo serão informados em anexo à prestação de contas dos candidatos.

Além das doações oficiais feitas aos candidatos, qualquer cidadão pode realizar, em apoio ao candidato de sua preferência, gastos de até 1.000 UFIR,[73] não sujeitos a contabilização, desde que não sejam reembolsados, nos termos do art. 27 da Lei nº 9.504/1997. A Lei

---

[73] A Unidade Fiscal de Referência (UFIR) foi um indexador criado pelo governo federal para corrigir monetariamente o valor dos tributos, mas que foi extinta no ano 2000, sendo que o seu último valor foi de R$1,0641. Disponível em: http://receita.economia.gov.br/orientacao/tributaria/pagamentos-e-parcelamentos/valor-da-ufir

nº 13.877/2019[74] inseriu duas exceções a esse limite, conforme podemos observar nos parágrafos abaixo:

§1º Fica excluído do limite previsto no *caput* deste artigo o pagamento de honorários decorrentes da prestação de serviços advocatícios e de contabilidade, relacionados às campanhas eleitorais e em favor destas;
§2º Para fins do previsto no §1º deste artigo, o pagamento efetuado por terceiro não compreende doação eleitoral.

Também é importante registrar que a contratação de pessoal para prestação de serviços nas campanhas eleitorais não gera vínculo empregatício, nos termos do art. 100 da Lei nº 9.504/1997. Entretanto, há limites previstos no art. 100-A da Lei nº 9.504/1997 para a contratação para atividades de militância e mobilização de rua, seja ela direta ou terceirizada. Em municípios com até 30.000 eleitores está limitada a 1% do eleitorado, sendo que para municípios maiores o limite será o número apurado como se o município tivesse 30.000 eleitores acrescentado de 1 (uma) contratação para cada 1.000 eleitores que exceder o número de 30.000.

O limite estabelecido no parágrafo anterior é para as campanhas de candidatos a prefeito. No caso de candidaturas a vereador devem ser considerados como limite máximo 50% (cinquenta por cento) do limite para prefeito, e também não devem ser extrapolados 80% do que for estabelecido para os deputados estaduais.

O limite dos deputados estaduais é de 50% (cinquenta por cento) do que for estabelecido para os deputados federais. Estes podem contratar até 70% (setenta por cento) do limite estabelecido para o Município com o maior número de eleitores.

É uma regra criada para evitar abuso de poder econômico no processo eleitoral. Caso não existisse esse limite, em municípios pequenos, por exemplo, um candidato a vereador, que não precisa de muitos votos para se eleger, poderia ganhar a eleição somente com o voto dos cabos eleitorais contratados.

---

[74] BRASIL. Lei nº 13.877, de 27 de setembro de 2019. Altera as Leis nºs 9.096, de 19 de setembro de 1995, 9.504, de 30 setembro de 1997, 4.737, de 15 de julho de 1965 (Código Eleitoral), 13.831, de 17 de maio de 2019, e a Consolidação das Leis do Trabalho, aprovada pelo Decreto-Lei nº 5.452, de 1º de maio de 1943, para dispor sobre regras aplicadas às eleições; revoga dispositivo da Lei nº 13.488, de 6 de outubro de 2017; e dá outras providências.

8.5 O orçamento de campanha

Antes mesmo de iniciar a campanha, é importante que o candidato faça um levantamento preliminar das necessidades materiais que terá durante o processo eleitoral. É claro que não é possível prever tudo, mas pelo menos uma boa parte é facilmente previsível. Esse levantamento inicial deverá estar organizado em uma lista que contenha com clareza a descrição de cada material, ou qualquer outra coisa que implique em gastos, e a quantidade necessária para cada um. Deverá conter também um espaço reservado para a posterior inserção de outras informações (preço, empresa responsável pelo material, data prevista para a produção do referido material etc.).

De posse dessa lista, é possível, então, fazer o orçamento da campanha. De início, é necessário consultar os mais diversos fornecedores de material e prestadores de serviço, para apresentarem os preços de cada item relacionado. Nessa fase é importante que, para cada item, seja consultada mais de uma empresa para a obtenção do melhor preço. Também é necessário verificar outras condições como: qualidade do produto, prazo de entrega, prazo de pagamento, garantia etc. Na fase de tomada de preços deve-se ter cuidado com aqueles *amigos* que se oferecem para fazer material a um preço mais baixo. Eles podem se aproveitar do desconhecimento do candidato, ou do próprio ritmo acelerado da campanha que, muitas vezes, resulta em decisões precipitadas, para cobrar um preço até maior do que o de mercado. Por isso é importante sempre consultar várias empresas.

Estando a lista completa, o candidato certamente tomará um susto ao fazer a soma de todos os gastos. É aí que ele deve reunir-se com o seu comitê eleitoral para decidir quais os gastos prioritários e quais as alternativas que existem para baratear a campanha. A partir daí, sairá uma lista bem mais modesta do que a inicial, mas o que estiver previsto terá mais condição de ser efetivamente realizado.

Com base nessa lista, que já consta das prioridades definidas, o comitê do candidato poderá, então, fazer um levantamento inicial do que irá gastar durante a campanha. A partir desses dados, deverá ser planejada a maneira de arrecadar os recursos, quem serão os possíveis doadores, quais atividades farão para arrecadar fundos, quanto o candidato poderá dispor de recursos próprios etc.

Feita essa previsão de despesa e de receita, pode-se afirmar que está concluído o orçamento inicial da campanha, mas com certeza ele poderá sofrer alterações durante o processo eleitoral e é importante que sejam feitas avaliações periódicas sobre as receitas e despesas realizadas.

CAPÍTULO 9

A PROPAGANDA ELEITORAL

A propaganda, sem dúvida nenhuma, é a principal arma a ser utilizada em uma campanha eleitoral e, por isso, deve ser bem produzida e bem utilizada. Além disso, é importante lembrar que muitos candidatos estarão concorrendo a uma mesma vaga, tornando a disputa muito acirrada, o que exigirá cada vez mais recursos de propaganda.

Além disso, a partir das eleições de 2016 o prazo de campanha ficou reduzido de noventa para quarenta e cinco dias, o que aumenta o desafio para os candidatos e seus apoiadores, pois terão um tempo pequeno de campanha e isso dificulta muito os iniciantes.

Entretanto, não adianta simplesmente fazer um volume muito grande de propaganda, se a mesma não tem conteúdo. Assim, é importante que o candidato elabore, em conjunto com o seu comitê eleitoral, *propostas consistentes* que levem em conta as necessidades da população e que sejam possíveis de ser realizadas. Na realidade, o volume de propaganda ajuda um pouco na hora de competir com outro candidato, mas o conteúdo dela e, consequentemente, a sua qualidade, são fatores fundamentais para que a população diferencie um candidato do outro.

A propaganda, embora livre e sem censura prévia, deve obedecer a algumas normas estipuladas pela Legislação Eleitoral, que têm o objetivo de garantir o acesso de todos a ela, de impedir o abuso do poder econômico, de garantir a tranquilidade pública, de não contrariar as posturas municipais etc. Conhecer essas normas e cumpri-las, bem como denunciar aqueles que não as cumprem e sujam a cidade, é dever de todo candidato sério. Esse assunto está tratado nos arts. 36 a 58 da Lei nº 9.504/97 e nos arts. 240 a 256 da Lei nº 4.737/65.

9.1 A propaganda proibida

A legislação eleitoral traz uma série de tipos de propagandas que são proibidas. O Código Eleitoral (Lei nº 4.737/65), no seu art. 243, diz o seguinte:

> Art. 243. Não será tolerada propaganda:
>
> I - de guerra, de processos violentos para subverter o regime, a ordem política e social ou de preconceitos de raça ou de classes;
>
> II - que provoque animosidade entre as forças armadas ou contra elas ou delas contra as classes e instituições civis;
>
> III - de incitamento de atentado contra pessoa ou bens;
>
> IV - de instigação à desobediência coletiva ao cumprimento da lei de ordem pública;
>
> V - que implique em oferecimento, promessa ou solicitação de dinheiro, dádiva, rifa, sorteio ou vantagem de qualquer natureza;
>
> VI - que perturbe o sossego público, com algazarra ou abuso de instrumentos sonoros ou sinais acústicos;
>
> VII - por meio de impressos ou de objeto que pessoa inexperiente ou rústica possa confundir com moeda;
>
> VIII - que prejudique a higiene e a estética urbana ou contravenha a posturas municipais ou a outra qualquer restrição de direito;
>
> IX - que caluniar, difamar ou injuriar quaisquer pessoas, bem como órgãos ou entidades que exerçam autoridade pública.
>
> X - que deprecie a condição de mulher ou estimule sua discriminação em razão do sexo feminino, ou em relação à sua cor, raça ou etnia.

Dever ser registrado que o inc. X do artigo mencionado foi introduzido pela Lei 14.192/2021,[75] e é mais um instrumento para enfrentar a violência política de gênero.

Além disso, o Código eleitoral, no parágrafo único do art. 240, proíbe a propaganda feita mediante radiodifusão, televisão, comícios ou reuniões públicas, nas quarenta e oito horas antes e nas vinte quatro horas depois das eleições. Também deve-se registrar que o *caput* do referido artigo somente permite a propaganda eleitoral após o dia 15 de agosto do ano eleitoral. Outro ponto que é importante destacar que o Código Eleitoral prevê pena, para quem transgredir as normas

---

[75] Disponível em: https://www.planalto.gov.br/ccivil_03/_Ato2019-2022/2021/Lei/L14192.htm#art4.

eleitorais, que pode chegar até um ano de detenção ou a pagamento de multa, conforme dispõe os artigos 323 a 337 da Lei nº 4737/65.

A Lei nº 9.504/97 também faz diversas limitações à propaganda eleitoral, sendo que as principais são as seguintes:

- A propaganda eleitoral somente é permitida após o dia 15 de agosto do ano da eleição. Entretanto, ao postulante à candidatura a cargo eletivo é permitida a realização, na quinzena anterior à escolha pelo partido, de propaganda intrapartidária com vista à indicação de seu nome, vedado o uso de rádio, televisão e *outdoor* (art. 36 §1º).

- Nos bens cujo uso dependa de cessão ou permissão do poder público, ou que a ele pertençam, e nos bens de uso comum, inclusive postes de iluminação pública, sinalização de tráfego, viadutos, passarelas, pontes, paradas de ônibus e outros equipamentos urbanos, é vedada a veiculação de propaganda de qualquer natureza, inclusive pichação, inscrição a tinta e exposição de placas, estandartes, faixas, cavaletes, bonecos e assemelhados. Aquele que descumprir essa determinação pode ser responsabilizado a restaurar o bem, e até ao pagamento de multa no valor de R$2.000,00 (dois mil reais) a R$8.000,00 (oito mil reais) (art. 37 §1º).

- É proibido fazer propaganda sonora, em veículos ou não, a menos de 200 (duzentos) metros de prédio de repartição pública, hospitais, casas de saúde e estabelecimentos militares. Também deverá ser observada essa distância em caso de escolas, bibliotecas públicas, igrejas e teatros, quando esses locais estiverem em funcionamento (art. 39, §3º).

- Não é permitida a propaganda paga no rádio e na televisão (art. 44).

- Também não é permitido o uso de símbolos, frases ou imagens, associadas ou semelhantes às empregadas por órgão de governo, empresa pública ou sociedade de economia mista (art. 40).

- A propaganda em bens públicos e particulares é proibida, salvo bandeiras móveis e adesivo em carros e janelas residenciais, dentro dos limites legais (art. 37 §2º).

- É vedada a propaganda eleitoral por meio de *outdoors*, inclusive eletrônicos (art. 39 §8º).

– Não pode o candidato comparecer a inaugurações de obras públicas nos três meses antes das eleições (art. 77).

– É proibido o derrame ou a anuência com o derrame de material de propaganda no local de votação ou nas vias próximas, ainda que realizado na véspera da eleição, sujeitando-se o infrator à multa prevista, sem prejuízo das sanções penais (art. 37).

Os bens de uso comum para fins eleitorais são os assim definidos pelo Código Civil,[76] como é o caso dos rios, mares, estradas, ruas e praças, bem como aqueles que a população em geral tem acesso, como é o caso dos cinemas, clubes, lojas, centros comerciais, templos, ginásios, estádios, ainda que privados (art. 37 §4º)

- No *dia da eleição*, está *proibido*, inclusive sendo tipificado como crime eleitoral (§5º do art. 39):

I - o uso de alto-falantes e amplificadores de som ou a promoção de comício ou carreata;

II - a arregimentação de eleitor ou a propaganda de boca de urna;

III - a divulgação de qualquer espécie de propaganda de partidos políticos ou de seus candidatos.

IV - a publicação de novos conteúdos ou o impulsionamento de conteúdos nas aplicações de internet de que trata o art. 57-B desta Lei, podendo ser mantidos em funcionamento as aplicações e os conteúdos publicados anteriormente.

É importante que os dirigentes partidários e candidatos orientem os seus apoiadores e eleitores sobre essas (e outras) proibições, pois se forem descumpridas prejudicam o candidato.

9.2 A propaganda permitida

São várias as formas de propagandas lícitas que podem ser utilizadas pelo candidato. Entretanto, elas não poderão ser anônimas e deverão ser feitas sob a responsabilidade dos partidos, ou de seus candidatos, e por eles pagas, sendo que deverão constar da prestação de contas mesmo tratando-se de doação, esclarecendo que a doação poderá ser de pessoa física ou do partido político, mas não de pessoa jurídica.

---

[76] BRASIL. Lei nº 10.046, de 10 de janeiro de 2002. Institui o Código Civil.

O candidato poderá fazer vários tipos de propagandas, desde que não estejam entre as proibições anteriormente levantadas, que mencionem a legenda partidária ou coligação, que sejam feitas em língua nacional e que não violem outros dispositivos legais. A Lei nº 9.504/1997, entretanto, enumera algumas formas de propaganda permitida que são as seguintes:

I - Bandeiras ao longo de vias públicas, desde que móveis e que não dificultem o bom andamento do trânsito de pessoas e veículos (art. 37 §2º, I)

II - Adesivo plástico em automóveis, caminhões, bicicletas, motocicletas e janelas residenciais, desde que não exceda a 0,5 m² (meio metro quadrado). (art. 37 §2º, II)

III - Distribuição de folhetos, volantes e outros impressos (editados sob responsabilidade do partido ou candidato), independentes de licença municipal ou de autorização da Justiça Eleitoral; (art. 38)

IV - Realização de qualquer ato de propaganda partidária ou eleitoral, em recinto aberto ou fechado, independente de licença policial. Nesse caso, o partido ou o candidato promotor deverá apenas comunicar o ato à autoridade policial, com pelo menos 24 horas de antecedência; (art.39, *caput* e §1º)

V - Realização de comícios e a utilização de aparelhagens de sonorização fixas, sendo necessário cumprir a formalidade descrita no item anterior, que serão permitidos no horário compreendido entre as oito e as vinte e quatro horas, exceto para o comício de encerramento da campanha que poderá ser prorrogado por mais 2 (duas) horas (art. 39 §4º);

VI - A divulgação paga, na imprensa escrita, e a reprodução na internet do jornal impresso, de até 10 (dez) anúncios de propaganda eleitoral, por veículo, em datas diversas, para cada candidato de um oitavo de página de jornal padrão e de um quarto de página de revista ou tabloide, sendo permitida até a antevéspera da eleição, devendo constar do anuncia, de forma visível, o valor pago pela inserção; (art.43)

VII - Participação no horário eleitoral gratuito nas emissoras de rádio e televisão (Vide o, o item 9.6 deste manual);

VIII - Propaganda sonora com alto-falantes, na sede dos partidos ou em veículos, no horário das oito às vinte e duas horas. Deverá ser observado o limite de oitenta decibéis de nível de pressão, e respeitada a distância mínima de 200 metros, em qualquer hora, de prédios públicos e hospitais. A mesma distância também deverá ser respeitada em relação às escolas, bibliotecas, igrejas e aos teatros, quando eles estiverem em funcionamento. (Art. 39 §3º). Mas carro de som somente é possível acompanhando carreata ou caminhada. Os §9º-A e §12 do art. 39, esclarecem o que é considerado como carro de som, minitrio e trio elétrico.

IX – Propaganda via internet, inclusive por redes sociais, devendo ser observados os artigos 57-A a 57-J da Lei 9.504/1997. (*Vide* o item 9.7 deste manual)

Poderá também o candidato participar de debates em emissoras de rádio e televisão, desde que sejam atendidos os requisitos do art. 46 da Lei nº 9.504/97. Esses debates poderão ser um espaço importante para o candidato divulgar as suas propostas. Também existe muito espaço para a campanha via internet, especialmente pelas redes sociais.

Dentro do espaço do Poder Legislativo é possível a veiculação de propaganda, mas deve ser regulamentada pela Mesa Diretora do respectivo Poder (art. 37 §3º).

9.3 A marca da campanha

Nos vários materiais de propaganda eleitoral que um candidato fizer, constarão diversos itens: o seu nome, a legenda partidária, o número, a fotografia, o currículo, as suas propostas e muitas outras coisas. Todas essas informações, muito úteis para que o eleitor possa analisar bem o candidato, poderão não sensibilizar o eleitor se, dentro delas, não tiver algo que marque profundamente e que esteja presente em todos os materiais de campanha do referido candidato. Essa marca de campanha é ainda mais necessária, pois, em uma eleição para vereador, o número de candidatos é muito grande e aí ela será muito útil para diferenciar a campanha de um candidato das tantas outras.

Na marca o candidato cria uma identidade visual de sua campanha e como ela será utilizada nos diversos materiais de campanha, tanto físicos quanto digitais. Importante levar em conta as inovações tecnológicas ocorridas nos últimos anos, bem como as mudanças de comportamento por parte dos eleitores.

A marca de uma campanha, genericamente falando, deverá retratar um fator que identifique publicamente o candidato. Por exemplo: a profissão que exerce, uma qualidade extrema, a origem familiar, a faixa etária etc. Entretanto, a marca de uma campanha não pode simplesmente ser escolhida ao acaso, ela deve ser objeto de profunda reflexão antes de se tornar pública. Basicamente existem alguns elementos que marcam uma campanha e que devem compor a marca.

O primeiro desses elementos é uma frase de efeito, também conhecida como *slogan*, que deve ser elaborada de maneira que seja simples, pequena e objetiva, mas que consiga sintetizar bem a candidatura. Essa frase deverá estar presente nos mais diversos tipos de propaganda que for feita e que tenha espaço para a sua divulgação. Além disso, não deverá mudar durante o processo eleitoral para que fique marcada na consciência dos eleitores.

O segundo elemento é um símbolo visual, que é conhecido por logomarca. Ela pode ser a própria forma de escrever o nome do candidato. Pode ser um símbolo acoplado ao nome do candidato, a legenda partidária, o seu número, a sua fotografia e seu slogan, devendo ser de fácil identificação, mesmo que o observador esteja distante. Se todos os materiais de campanha de um determinado candidato (panfletos, adesivos para carros, etc.) estiverem com a mesma marca visual, eles serão mais percebidos pela população e a propaganda surtirá mais efeito.

No caso de o candidato usar horário eleitoral gratuito ou mesmo para divulgar em rede social ou em caminhadas, carreatas e comícios, será importante que ele tenha uma música característica de sua campanha. Essa música é conhecida como *jingle* e deve conter, além de uma boa melodia, informações resumidas sobre o candidato e o seu partido.

9.4 A fotografia

Em uma campanha, o candidato não será visto pessoalmente por todos os eleitores. Mesmo aqueles que tiverem algum contato direto com ele, farão isso certamente por pouco tempo. Assim sendo, a fotografia do candidato, contida nos diversos materiais e também nas redes sociais, será uma referência fundamental.

Existem pessoas que têm uma boa apresentação, mas que não aparecem bem quando são fotografadas, ou seja, não são fotogênicas. Com outros ocorre justamente o contrário: aparecem melhor na fotografia do que realmente são na vida real. É importante lembrar que boa apresentação, para um candidato, não se refere apenas à beleza física, mas, principalmente, a segurança e sinceridade que ele transmite.

A escolha da foto principal de campanha não deve ser deixada para a última hora. Quem planeja ser candidato deve procurar imediatamente um fotógrafo profissional. Ele irá tirar fotos de vários ângulos para posteriormente ser feita a escolha (a qual deve ser feita com calma pelo candidato, ouvindo a opinião de várias pessoas, caso seja necessário) daquela que será a foto principal de campanha.

As fotografias amadoras, que registram a vida e a atuação do candidato, dificilmente servem como foto principal de campanha. Entretanto, poderão ser utilizadas como fotografias adicionais em materiais de tamanho maior (como um jornal de campanha, por exemplo, que retrate a vida do candidato) ou em postagens de álbuns em redes sociais.

9.5 Os principais materiais de campanha

São muitos os materiais que um candidato a vereador pode produzir em uma campanha eleitoral. Alguns são mais comuns e devem ser feitos por todos. Outros são mais específicos e devem ser elaborados de acordo com a realidade de cada candidatura e do seu eleitorado. Os principais materiais são os seguintes:

Carta - tem por finalidade uma comunicação direta do candidato com o eleitor e deve conter uma redação clara, objetiva, adotando termos que o eleitorado possa entender. No início da campanha, o candidato pode remeter a todos os eleitores que tenha contato via e-mail e também pelas redes sociais comunicando a sua candidatura, solicitando apoio e indicando as formas de contato. As cartas não devem exceder a uma página e também podem ser impressas para entrega direta ou por via postal, embora nos tempos atuais prevaleçam os meios eletrônicos.

Panfleto - pode ser feito de vários tamanhos e a sua utilização destina-se à divulgação do nome e das propostas do candidato a toda a população, sendo impresso colorido e em grande quantidade.

Santinho - é um panfleto bem reduzido (geralmente do tamanho de 1/8 de ofício) com espaço apenas para nome, foto, número e partido do candidato. Em alguns casos, pode ser inserido um pequeno resumo sobre o candidato no verso dele. Devido ao seu baixo custo, deverá ser impresso em grande quantidade para ser distribuído à população durante todo o processo eleitoral. É a forma mais utilizada, e mais conhecida de divulgação.

Jornal de campanha - para o candidato que tem um público alvo com facilidade de leitura, é importante fazer um jornal no qual constem, além de melhores dados sobre o candidato, informações acerca do andamento da campanha eleitoral. Esse jornal de campanha pode ser feito via redes sociais e/ou enviado via *e-mail* e também pode ser feito em vídeo.

Adesivo de carro - para o candidato que tiver o seu eleitorado baseado principalmente em pessoas de classe média, é importantíssimo fazer esse material, pois o seu uso constante nos carros divulgará em muito a campanha. Além de automóveis, o adesivo plástico também poderá ser colocado em caminhões, bicicletas, motocicletas e janelas residenciais, desde que não exceda a 0,5 m² (meio metro quadrado), nos termos do art. 37 §2º, II da Lei nº 9.504/1997.

Por regra geral, é *proibido* colar propaganda eleitoral em veículos, exceto adesivos microperfurados até a extensão total do para-brisa traseiro e, em outras posições, adesivos até a dimensão máxima de 50 (cinquenta) centímetros por 40 (quarenta) centímetros, nos termos do art. 38 §4º da Lei nº 9.504/1997.

Adesivo - é feito com papel adesivo e deve ter um tamanho bem pequeno, em geral 1/16 do tamanho ofício. Em regra, as pessoas os colam na roupa.

Broche - é um distintivo que poderá será usado tanto pelos apoiadores mais próximos quanto pelos simpatizantes mais distantes do candidato. Uma pessoa, ao usar o bóton de um candidato, estará demonstrando apoio à sua candidatura e reforçando a sua campanha.

Carro de som - é fundamental para se fazer uma boa divulgação de massa, podendo também ser na forma de um minitrio. Entretanto, deve-se tomar muito cuidado ao gravar os aúdios de divulgação, pois eles devem conter informações objetivas e músicas que agradem ao eleitorado. Esse recurso, quando mal utilizado, pode até reverter o efeito contra o candidato. Vale ressaltar que somente é permitido apenas em carreatas, caminhadas e passeatas ou durante reuniões e comícios, e desde que observado o limite de 80dB (oitenta decibéis) de nível de pressão sonora, medido a 7m (sete metros) de distância do veículo.

Bandeira - é um material importantíssimo para ser usado nos comícios, caminhadas e carreatas. Pode ser confeccionada de pano ou de plástico. Proporciona um bom destaque durante as caminhadas e carreatas. Elas podem ficar ao longo de vias públicas, desde que móveis e que não dificultem o bom andamento do trânsito de pessoas e veículos.

Cédula - na reta final da campanha é importante fazer um panfleto parecido com o painel de uma urna eletrônica, que terá a função de explicar ao eleitor como votar. Essa cédula deverá ser feita em quantidade suficiente para distribuição em todos os locais onde o candidato já tiver feito propaganda anteriormente. Esse material tem a função de consolidar o voto. É também conhecida como *cola eleitoral*.

Vídeos - com o avanço da tecnologia dos aparelhos celulares e produção de vídeos amadores, isso ficou bem fácil. É um recurso que pode ser explorado principalmente para a postagem em redes sociais. É importante que seja feita uma boa edição deles.

Mas não se assuste! O candidato não precisa fazer todos esses materiais para vencer a eleição, tampouco se endividar ou extrapolar o orçamento de campanha para isso. Muitos candidatos, em eleições anteriores, gastaram verdadeiras fortunas com material e tiveram uma quantidade irrisória de votos, enquanto outros ganharam a eleição gastando pouco.

O importante é estabelecer as prioridades de acordo com os recursos disponíveis e utilizar bem o material que foi feito, mesmo que as quantidades sejam pequenas. Há pelo menos dois materiais que são utilizados em qualquer campanha: o *panfleto*, para divulgar minimamente as propostas do candidato, e a *cédula*, para confirmar o voto do eleitor. Após ter recursos garantidos para esses dois materiais, planeje a confecção dos outros.

Lembre-se que as postagens bem-feitas nas redes sociais podem ser mais eficientes do que os materiais físicos. Além disso, lembre-se de fazer a sua propaganda de maneira acessível. Também vale ressaltar que é bom tomar cuidado com o excesso de material impresso distribuído, pois os eleitores não gostam de candidatos que sujam a cidade.

Importante registrar que, pelo art. 38 §1º da Lei nº 9.504/1997 "Todo material impresso de campanha eleitoral deverá conter o número de inscrição no Cadastro Nacional da Pessoa Jurídica (CNPJ) ou o número de inscrição no Cadastro de Pessoas Físicas (CPF) do responsável pela confecção, bem como de quem a contratou, e a respectiva tiragem".

Materiais alternativos: Há vários outros materiais alternativos como é o caso do folheto em forma de cartela com mensagem escrita em linguagem braile, usada para divulgação das propostas ao eleitorado que é portador de deficiência visual. Há também o folheto escrito em forma de estória em quadrinhos, que tem a finalidade de atingir o eleitorado com dificuldade de leitura. No decorrer da campanha, poderão surgir várias ideias, de acordo com a realidade local, de produção de materiais alternativos. Algumas poderão ser mirabolantes ou de difícil execução, mas outras poderão ser interessantes e úteis para a campanha. O importante é avaliar com profundidade e cautela cada sugestão apresentada.

9.6 A propaganda no rádio e na televisão

Em regra, os candidatos a vereador têm pouco acesso a espaço na propaganda eleitoral no rádio e na TV. Isso decorre, pois são muitos candidatos a vereador e pouco tempo a dividir. Além disso, a imensa maioria dos municípios não possui horário eleitoral gratuito, pois ele é limitado aos Municípios que tenham sede da estação geradora de serviços de radiodifusão de sons e imagens.

Este assunto está disciplinado nos arts. 44 a 57, da Lei nº 9.504/1997, e teve várias alterações desde a sua edição em 1997. É importante a leitura completa, inclusive com a respectiva resolução do TSE que regulamenta o assunto. Vale a pena ressaltar que, no caso da propaganda em televisão, deverá ser utilizada a Linguagem Brasileira de Sinais (LIBRAS) ou o recurso de legenda, e o material entregue às emissoras deverá conter esses recursos.

Ela será veiculada nos trinta e cinco dias anteriores à antevéspera das eleições, e no caso das eleições para prefeito será de segunda a sábado. No rádio será feita das sete horas às sete horas e dez minutos e das doze horas às doze horas e dez minutos (art. 47, inc. VI alínea "a", Lei nº 9504/97). Já na televisão será feita das treze horas às treze horas e dez minutos e das vinte horas e trinta minutos às vinte horas e quarenta minutos. (art. 47, inc. VI alínea "b", Lei nº 9504/97).

Os candidatos a vereador terão que dividir o tempo de inserção com os candidatos a prefeito e isso será feito nas inserções diárias, de segunda-feira a domingo. Elas serão de trinta a sessenta segundos, totalizando setenta minutos diários e veiculadas ao longo da programação entre as cinco e as vinte e quatro horas, na proporção de 60% (sessenta por cento) para prefeito e 40% (quarenta por cento) para vereador. (art. 47, inc. VII, Lei nº 9504/97).

O tempo a que cada partido ou coligação majoritária terá direito será dividido nos termos da legislação eleitoral que privilegia a divisão proporcional baseada no número de membros eleitos por cada partido para a eleição anterior para a Câmara dos deputados.

Deve-se registrar que a campanha no rádio e na TV deve ser limitada ao horário eleitoral gratuito, pois de acordo com a legislação eleitoral as emissoras não podem veicular campanha fora desse horário, além de regras para entrevistas e debates. Além disso, quem for apresentador de programas de rádio e TV deverá se afastar a partir de 30 de junho do ano eleitoral, não podendo o programa continuar com o nome do candidato, mesmo sendo apresentado por outra pessoa, conforme art. 45, VI, §1º da Lei nº 9504/97, sob pena de multa e até mesmo de cancelamento do registro da candidatura do beneficiário.

Até mais ou menos quatro décadas atrás, a campanha era muito focada em atividades presenciais, como era o caso dos comícios. Nas décadas de 1990 e 2000 as campanhas, especialmente as majoritárias, ficaram muito focadas no horário eleitoral de rádio e TV. Mas a partir dos anos 2010 elas foram perdendo espaço para a campanha via internet, principalmente pelas redes sociais. Mas mesmo na época do auge da campanha no rádio e na TV, esta modalidade já tinha uma importância menor, dado o pouco tempo destinado aos candidatos a vereador que teria que ser dividido entre muitos candidatos.

Mas o fato de o tempo ser pequeno é mais uma razão para que o candidato se prepare bem. E também o que ele gravar no horário gratuito poderá reproduzir nas redes sociais. E a preparação para o rádio e TV será útil também para se preparar para os vídeos e áudios que divulgar nas redes sociais, ambiente em que terá mais tempo. Nos próximos parágrafos seguem algumas orientações.

Para fazer um bom programa deverá ser elaborado com antecedência um bom texto e que consiga em pouco tempo transmitir quem é o candidato e quais são as suas principais ideias. Em alguns momentos o tempo é tão pequeno que no máximo é possível falar uma frase de efeito.

Antes de gravar procure treinar bastante fazendo uma simulação em celular. Isso economiza tempo de gravação que geralmente é caro. Também nessas simulações é possível verificar como a sua imagem, e também a voz, aparecerá na tela. Assim, poderá fazer as devidas adequações antes de gravar em definitivo.

É importante acompanhar no partido os critérios para distribuição de tempo, pois é muito comum dirigentes partidários buscar favorecer candidatos aliados. Também na distribuição de tempo deverá ser respeitada a cota de gênero, prevista de acordo com o §3º, art. 10 da Lei nº 9504/97, que prevê o mínimo de 30% e o máximo de 70% para candidaturas de cada sexo.

Tomar cuidado para não transgredir a lei eleitoral durante o programa eleitoral gratuito. Por exemplo: é proibido fazer comercial de empresa privada, de maneira explícita ou implícita, numa prática conhecida como *merchandising*. Também não é possível ceder o espaço para o candidato majoritário, podendo no máximo ter uma legenda com o nome do seu candidato majoritário e/ou cartaz ou fotografias dele ao fundo, sendo também possível que seja feita menção ao seu nome, mas nada além disso. E *tem que ser* candidato majoritário do mesmo partido ou coligação do candidato proporcional.

9.7 A propaganda na internet

Essa sim é a grande mídia dos candidatos a vereador, dada a sua ampla acessibilidade. Está disciplinada nos artigos 57-A a 57-J da Lei nº 9.504/1997, sendo importante também observar os artigos 58 e 58-A da mesma lei que abordam o direito de resposta, inclusive para notícias divulgadas via internet.

O que está exposto aqui se relaciona mais com a parte legal e também é aplicável às várias formas de uso da internet, inclusive as redes sociais. O candidato deve se lembrar também de que ele é o grande responsável pelo que disponibilizar. No caso da campanha de rádio e televisão parte da responsabilidade é das emissoras, outra é do partido e outra é do candidato, mas no caso da internet é o candidato que tem a governabilidade e, portanto, terá maior responsabilidade. O candidato precisa conhecer as regras mesmo.

Diante disso, vale a pena a leitura, pelo candidato, da literalidade dos artigos 57-A a 57-J da Lei nº 9.504/1997, devidamente atualizados, bem como a Resolução do TSE nº 23.610, de 18 de dezembro de 2019, que regulamenta a propaganda eleitoral, servirá para o candidato não cometer erros e para questionar os erros de adversários. Segue a transcrição literal:

Propaganda na Internet

Art. 57-A. É permitida a propaganda eleitoral na internet, nos termos desta Lei, após o dia 15 de agosto do ano da eleição.

Art. 57-B. A propaganda eleitoral na internet poderá ser realizada nas seguintes formas:

I - em sítio do candidato, com endereço eletrônico comunicado à Justiça Eleitoral e hospedado, direta ou indiretamente, em provedor de serviço de internet estabelecido no País;

II - em sítio do partido ou da coligação, com endereço eletrônico comunicado à Justiça Eleitoral e hospedado, direta ou indiretamente, em provedor de serviço de internet estabelecido no País;

III - por meio de mensagem eletrônica para endereços cadastrados gratuitamente pelo candidato, partido ou coligação;

IV - por meio de blogs, redes sociais, sítios de mensagens instantâneas e aplicações de internet assemelhadas cujo conteúdo seja gerado ou editado por:

a) candidatos, partidos ou coligações; ou

b) qualquer pessoa natural, desde que não contrate impulsionamento de conteúdos.

§1º Os endereços eletrônicos das aplicações de que trata este artigo, salvo aqueles de iniciativa de pessoa natural, deverão ser comunicados à Justiça Eleitoral, podendo ser mantidos durante todo o pleito eleitoral os mesmos endereços eletrônicos em uso antes do início da propaganda eleitoral.

§2º Não é admitida a veiculação de conteúdos de cunho eleitoral mediante cadastro de usuário de aplicação de internet com a intenção de falsear identidade.

§3º É vedada a utilização de impulsionamento de conteúdos e ferramentas digitais não disponibilizadas pelo provedor da aplicação de internet, ainda que gratuitas, para alterar o teor ou a repercussão de propaganda eleitoral, tanto próprios quanto de terceiros.

§4º O provedor de aplicação de internet que possibilite o impulsionamento pago de conteúdos deverá contar com canal de comunicação com seus usuários e somente poderá ser responsabilizado por danos decorrentes do conteúdo impulsionado se, após ordem judicial específica, não tomar as providências para, no âmbito e nos limites técnicos do seu serviço e dentro do prazo assinalado, tornar indisponível o conteúdo apontado como infringente pela Justiça Eleitoral.

§5º A violação do disposto neste artigo sujeita o usuário responsável pelo conteúdo e, quando comprovado seu prévio conhecimento, o beneficiário, à multa no valor de R$5.000,00 (cinco mil reais) a R$30.000,00 (trinta mil reais) ou em valor equivalente ao dobro da quantia despendida, se esse cálculo superar o limite máximo da multa.

Art. 57-C. É vedada a veiculação de qualquer tipo de propaganda eleitoral paga na internet, excetuado o impulsionamento de conteúdos, desde que identificado de forma inequívoca como tal e contratado exclusivamente por partidos, coligações e candidatos e seus representantes.

§1º É vedada, ainda que gratuitamente, a veiculação de propaganda eleitoral na internet, em sítios:

I - de pessoas jurídicas, com ou sem fins lucrativos;

II - oficiais ou hospedados por órgãos ou entidades da administração pública direta ou indireta da União, dos Estados, do Distrito Federal e dos Municípios.

§2º A violação do disposto neste artigo sujeita o responsável pela divulgação da propaganda ou pelo impulsionamento de conteúdos e, quando comprovado seu prévio conhecimento, o beneficiário, à multa no valor de R$5.000,00 (cinco mil reais) a R$30.000,00 (trinta mil reais) ou em valor equivalente ao dobro da quantia despendida, se esse cálculo superar o limite máximo da multa.

§3º O impulsionamento de que trata o *caput* deste artigo deverá ser contratado diretamente com provedor da aplicação de internet com sede e foro no País, ou de sua filial, sucursal, escritório, estabelecimento ou representante legalmente estabelecido no País e apenas com o fim de promover ou beneficiar candidatos ou suas agremiações.

Art. 57-D. É livre a manifestação do pensamento, vedado o anonimato durante a campanha eleitoral, por meio da rede mundial de computadores - internet, assegurado o direito de resposta, nos termos das alíneas "a", "b" e "c" do inciso IV do §3º do art. 58 e do 58-A, e por outros meios de comunicação interpessoal mediante mensagem eletrônica.

§1º (*VETADO*)

§2º A violação do disposto neste artigo sujeitará o responsável pela divulgação da propaganda e, quando comprovado seu prévio conhecimento, o beneficiário à multa no valor de R$5.000,00 (cinco mil reais) a R$30.000,00 (trinta mil reais).

§3º Sem prejuízo das sanções civis e criminais aplicáveis ao responsável, a Justiça Eleitoral poderá determinar, por solicitação do ofendido, a retirada de publicações que contenham agressões ou ataques a candidatos em sítios da internet, inclusive redes sociais.

Art. 57-E. São vedadas às pessoas relacionadas no art. 24 a utilização, doação ou cessão de cadastro eletrônico de seus clientes, em favor de candidatos, partidos ou coligações.

§1º É proibida a venda de cadastro de endereços eletrônicos.

§2º A violação do disposto neste artigo sujeita o responsável pela divulgação da propaganda e, quando comprovado seu prévio conhecimento, o beneficiário à multa no valor de R$5.000,00 (cinco mil reais) a R$30.000,00 (trinta mil reais).

Art. 57-F. Aplicam-se ao provedor de conteúdo e de serviços multimídia que hospeda a divulgação da propaganda eleitoral de candidato, de partido ou de coligação as penalidades previstas nesta Lei, se, no prazo determinado pela Justiça Eleitoral, contado a partir da notificação de decisão sobre a existência de propaganda irregular, não tomar providências para a cessação dessa divulgação.

Parágrafo único. O provedor de conteúdo ou de serviços multimídia só será considerado responsável pela divulgação da propaganda se a publicação do material for comprovadamente de seu prévio conhecimento.

Art. 57-G. As mensagens eletrônicas enviadas por candidato, partido ou coligação, por qualquer meio, deverão dispor de mecanismo que permita seu descadastramento pelo destinatário, obrigado o remetente a providenciá-lo no prazo de quarenta e oito horas.

Parágrafo único. Mensagens eletrônicas enviadas após o término do prazo previsto no *caput* sujeitam os responsáveis ao pagamento de multa no valor de R$100,00 (cem reais), por mensagem.

Art. 57-H. Sem prejuízo das demais sanções legais cabíveis, será punido, com multa de R$5.000,00 (cinco mil reais) a R$30.000,00 (trinta mil reais), quem realizar propaganda eleitoral na internet, atribuindo indevidamente sua autoria a terceiro, inclusive a candidato, partido ou coligação.

§1º Constitui crime a contratação direta ou indireta de grupo de pessoas com a finalidade específica de emitir mensagens ou comentários na internet para ofender a honra ou denegrir a imagem de candidato, partido ou coligação, punível com detenção de 2 (dois) a 4 (quatro) anos e multa de R$15.000,00 (quinze mil reais) a R$50.000,00 (cinquenta mil reais).

§2º Igualmente incorrem em crime, punível com detenção de 6 (seis) meses a 1 (um) ano, com alternativa de prestação de serviços à comunidade pelo mesmo período, e multa de R$5.000,00 (cinco mil reais) a R$30.000,00 (trinta mil reais), as pessoas contratadas na forma do §1º.

Art. 57-I. A requerimento de candidato, partido ou coligação, observado o rito previsto no art. 96 desta Lei, a Justiça Eleitoral poderá determinar, no âmbito e nos limites técnicos de cada aplicação de internet, a suspensão do acesso a todo conteúdo veiculado que deixar de cumprir as disposições desta Lei, devendo o número de horas de suspensão ser definida proporcionalmente à gravidade da infração cometida em cada caso, observado o limite máximo de vinte e quatro horas.

§1º A cada reiteração de conduta, será duplicado o período de suspensão.

§2º No período de suspensão a que se refere este artigo, a empresa informará, a todos os usuários que tentarem acessar seus serviços, que se encontra temporariamente inoperante por desobediência à legislação eleitoral.

Art. 57-J. O Tribunal Superior Eleitoral regulamentará o disposto nos arts. 57-A a 57-I desta Lei de acordo com o cenário e as ferramentas tecnológicas existentes em cada momento eleitoral e promoverá, para os veículos, partidos e demais entidades interessadas, a formulação e a ampla divulgação de regras de boas práticas relativas a campanhas eleitorais na internet.

Essas regras também deverão ser observadas quando o candidato utilizar as redes sociais —um meio de interação entre as pessoas que tem crescido muito na última década, conforme será visto no próximo capítulo.

Ressalto que não é permitida a propaganda paga na internet, assim como esta não é permitida no rádio e na televisão. Por exemplo: não é permitido pagar anúncios em *sites*. Mas é permitido o impulsionamento de conteúdo, dentro dos limites estabelecidos na legislação eleitoral. Mas é bom lembrar também que não é permitida propaganda eleitoral em páginas de pessoa jurídica, com ou sem fins lucrativos, e de órgãos da Administração Pública.

CAPÍTULO 10

O USO DAS REDES SOCIAIS

Na primeira edição deste livro no ano 2000 foi abordado o uso da informática em processo eleitoral. Era uma grande novidade na época e serviu para orientar os candidatos sobre a transição entre o escritório tradicional que basicamente tinha máquina de escrever, máquina de calcular, arquivos de papel e telefone para um escritório informatizado usando o computador para escrever e imprimir textos, para fazer cálculos em planilha e para armazenar dados dos eleitores.

A própria Justiça Eleitoral já utilizava a informática há muito tempo para o controle da emissão de títulos eleitorais e para a totalização dos votos. A partir de 1996 iniciou-se o uso da urna eletrônica que, a partir das eleições 2000, passou a ser utilizada em todo o país.

Com a evolução da informática os equipamentos — que antes eram ilhas isoladas — passaram a se integrar em redes privadas ou públicas que evoluíram até a criação da rede mundial de computadores, a internet. No Brasil, a internet chegou em meados dos anos 1990 e o seu uso ainda era restrito a pesquisas, embora já fosse possível construir sítios para divulgação de propaganda eleitoral.

Os anos se passaram e a internet passou a ser o nosso principal meio de comunicação através dos *e-mails*, dos *chats* de conversas, dos aplicativos de mensagens instantâneas. Além disso, o conteúdo disponibilizado na internet aumentou, chegando a praticamente todos os ramos do conhecimento, possibilitando, inclusive, o acesso a todo tipo de legislação devidamente atualizada, inclusive a eleitoral.

O primeiro caso de sucesso sobre a interação entre candidato-redes sociais pode ser visto de perto em 2008, na campanha à Presidência dos Estados Unidos do então Senador Americano Barack Obama, que investiu no uso da internet como forma de se comunicar com seus eleitores.

Mas teve algo que se intensificou muito a partir dos anos 2010: o uso das redes sociais, primeiro para questões mais pessoais e familiares e depois, de maneira muito efetiva, na política.

O levante de povos conhecido como *primavera árabe* em 2011, as manifestações no Brasil de junho de 2013, dentre outros movimentos ocorridos ao redor do mundo, de menor ou maior proporção, foram gestados nas redes sociais.

As redes sociais também tiveram papel preponderante na eleição americana de 2016, na votação da saída da Inglaterra da União Europeia em 2016, conhecida como *Brexit*, e nas eleições brasileiras de 2018, dentre outras situações.

Não é simples escrever sobre redes sociais, pois algo escrito agora pode deixar de valer em pouquíssimo tempo. Há muita rapidez na evolução tecnológica bem como nos meios utilizados preponderantemente pelas pessoas, resultando que qualquer análise feita deve ser adaptada ao seu tempo, mesmo que seja pouco tempo depois.

Exemplo disso é que o que foi escrito na 2ª edição, publicada em 2020, precisou ser atualizado. Mesmo em um espaço pequeno de tempo, ocorreram muitas evoluções. Entretanto, mesmo mudando muita coisa, vale a pena ressaltar que os conceitos básicos sobre o uso das redes sociais continuam praticamente os mesmos, principalmente sobre os cuidados que devem ser tomados.

Outro fator que deve ser lembrado é que a pandemia de Covid-19 (2020-2023) nos forçou a utilizar cada vez mais os meios eletrônicos, não só para comunicação, mas também para executar várias tarefas do dia a dia, tanto pessoais quanto profissionais. Ficou comum, por exemplo, o uso da videoconferência para reuniões que antes eram feitas somente no modo presencial.

Essa expansão significativa do uso dos meios digitais potencializa ainda mais o poder das redes sociais, bem como exige a adoção de mecanismos de segurança ainda mais eficientes.

10.1 A ascensão do *smartphone*

Inicialmente, o acesso à internet era muito restrito no Brasil. Em meados dos anos 1990 foi uma novidade. Nos anos 2000 foi se ampliando e após o ano de 2010 foi muito significativo. Isso aumentou muito o acesso à informação no Brasil, embora não haja garantia de qualidade das informações que as pessoas acessam e compartilham.

Porém, algo também ocorreu após o ano de 2010, que foi a popularização do uso do *smartphone*, que basicamente é um celular com acesso à internet. O celular, que antes era utilizado apenas para ligações telefônicas e para enviar/receber mensagens de texto via SMS, passou a ter acesso completo à internet e fazendo praticamente tudo o que antes era possível somente em computadores.

> Abriram-se as portas para o smartphone. O acesso a esse tipo de tecnologia aumentou no Brasil. Segundo pesquisa realizada em 2018 pela FGV, naquele ano o país já superava a marca de 220 milhões de celulares ativos dessa categoria. Os brasileiros acessam a internet via smartphone em média trinta vezes por dia, e a maioria absoluta utiliza o celular para dialogar e acompanhar grupos de discussão (segundo dados do Facebook, que é dono do WhatsApp).[77]

Inclusive o acesso é mais prático. Uma pessoa pode estar em casa, na poltrona, na cama, no carro, no escritório, no parque, em um auditório enquanto assiste a uma palestra e assim por diante. Além disso, o acesso a dados, tanto pelas companhias telefônicas, quanto pelas redes de Wi-Fi a cada dia fica mais barato e mais abrangente.

Hoje em dia, o uso das redes sociais está especialmente atrelado ao uso constante dos smartphones que aproximou ainda mais o grande público (através da tecnologia), já que agora tudo pode ser postado/monitorado/acompanhado na *palma da mão*, não sendo mais necessário o computador de mesa e demais acessórios para produzir e compartilhar conteúdo. Não é necessário mais ter câmeras fotográficas, filmadoras e outros equipamentos, salvo para gravações profissionais.

Enquanto no computador o uso maior é para acessar *sites* de pesquisa e *e-mails*, nos smartphones, que também tem essa forma de acesso, o tempo é gasto mais nas redes sociais, como: *WhatsApp, Instagram, Facebook, X, TikTok, Kwai* etc. E essas redes criaram aplicativos que facilitam em muito o acesso via celular.

Isso torna o potencial de alcance das redes sociais muito alto. Mas é claro que tudo é muito difuso, pois ninguém tem o monopólio da divulgação de conteúdos nas redes, embora algumas pessoas, físicas ou jurídicas, possam ter milhões de seguidores.

---

[77] MOURA, Maurício; CORRELIANI, Juliano. *A eleição disruptiva*: por que Bolsonaro venceu? Rio de Janeiro – São Paulo: Record, 2019. p. 112.

Ao mesmo tempo em que é difuso, é também democrático já que com pouquíssimos recursos uma pessoa comum pode manter uma conta numa ou em mais redes e disponibilizar conteúdo acessado por um grande número de seguidores.

10.2 O que são as redes sociais

Mas o que é uma rede social? Rede social não é algo novo, pois desde os primórdios o ser humano se identifica com algumas pessoas, por algum motivo, e se interage mais com elas do que com o público em geral. Pode ser por relações de parentesco, de trabalho, de estudo, de negócios, de paquera, de religião, de esporte ou de simples contato.

> Rede social é uma estrutura social composta por pessoas ou organizações, conectadas por um ou vários tipos de relações, que compartilham valores e objetivos comuns. Uma das fundamentais características na definição das redes é a sua abertura, possibilitando relacionamentos horizontais e não hierárquicos entre os participantes (...).[78]

No passado eram muito restritas às pessoas que tinham proximidade física, mas foram se ampliando com o advento dos meios de comunicação. Com o surgimento da internet foi possível ampliar de maneira significativa o número de pessoas conectadas a alguém e sem a barreira da distância física. Foram criadas diversas redes pela internet, como é o caso do *Orkut* (já falecido), *Facebook, Twitter* (atualmente transformado em *X*), *LinkedIn, Instagram, WhatsApp, TikTok, Kway* etc.

Num debate mais técnico, há diferenças entre rede social e mídia social. A mídia social seria uma aplicação da internet em que poderíamos criar e trocar conteúdo, como é o caso, por exemplo, do *YouTube*. Nesse aspecto o *Facebook* pode ser considerado uma mídia social, por criar e disponibilizar conteúdo, mas também uma rede social, por facilitar o contato entre pessoas próximas. Mas aqui vamos tratar tudo genericamente como rede social, sem prejuízo de, por parte de quem atua na política, um aprofundamento com profissionais da área, principalmente para quem for exercer um mandato.

Assim como quem passa a usar a informática precisa de algumas orientações sobre o seu vocabulário (há palavras específicas para as questões tecnológicas que não existem no dia a dia comum), quem passa

---

[78] Disponível em: https://pt.wikipedia.org/wiki/Rede_social. Acesso em: 3 nov. 2019.

a utilizar as redes sociais precisa saber de alguns termos e também das *manhas* que ela tem. Podem até ser dadas algumas pistas e dicas sobre seu uso, mas muitas de suas potencialidades somente são descobertas na prática do dia a dia.

De qualquer maneira, segue um retrospecto de cada uma das mídias, redes sociais e aplicativos de mensagens mais utilizados atualmente e suas potencialidades:

Facebook:[79] é uma rede social de amplo acesso e muito popular. Nela é possível inserir fotos, vídeos, *links* de *sites* externos, rede de amigos etc. Possibilita uma ampla interação. É uma boa vitrine para expor um pouco sobre a vida da pessoa, das suas ideias etc. Possui boa conectividade com outras redes, com é o caso do *Instagram* e o *YouTube*. Nesta rede há possibilidade de se criar perfis tanto pessoais quanto profissionais, o que é de grande valia ao candidato a vereador, considerando que pode utilizar esses dois espaços na sua campanha. Mas ela tem perdido força para o *Instagram* e outras redes de uns anos para cá.

Instagram:[80] rede social muito utilizada para compartilhamento de fotos e vídeos. Apesar de não ter a versatilidade de inserção de conteúdos como o *Facebook*, a forma de interação do público nessa rede ocorre de forma diferente, já que os participantes buscam um conteúdo de fácil compreensão nas fotos e vídeos compartilhados pelo usuário. O Instagram valoriza muito conteúdos originais feitos pelos usuários, inclusive ele não permite *links* de internet nas postagens, salvo um *link* na página inicial. É uma rede que cresceu muito em termos de usuários e de recursos. Pode-se dizer que é uma das principais redes no momento. Entretanto, há a perspectiva de perder terreno para o *TikTok* e o *Kway*. Mas, em matéria de evolução de redes sociais, não é fácil prever com facilidade como será a evolução.

X:[81] é um *microblog* que permite aos usuários enviar e receber atualizações pessoais de outros contatos, mas com textos de até 280 caracteres (conhecidos como *twites*), podendo ser

---

[79] Disponível em: https://pt.wikipedia.org/wiki/Facebook. Acesso em: 11 jan. 2024.
[80] Disponível em: https://pt.wikipedia.org/wiki/Instagram. Acesso em: 11 jan. 2024.
[81] Disponível em: https://pt.wikipedia.org/wiki/Twitter. Acesso em: 11 jan. 2024.

postados *links*. Muito utilizados para postar notícias, e atiçar a curiosidade de quem lê para conteúdos postados em outras redes/mídias sociais (*YouTube, Facebook, Instagram* etc.).

WhatsApp:[82] é um aplicativo de troca de mensagens instantâneas, que também admite troca de imagens, documentos em PDF/Word, áudios e vídeos e também chamadas em voz e vídeo. Permite a formação de grupos (família, escola, apoiadores, equipe etc.) e listas de transmissão em que é possível o envio de uma mesma mensagem para diversas pessoas ao mesmo tempo, facilitando muito a difusão de informação direcionada. Grande parte das pessoas que possuem um *smartphone* tem acesso e conhecem as suas funcionalidades.

Telegram:[83] também é um serviço de mensagens instantâneas que guarda semelhanças com o *WhatsApp*, como é o caso da necessidade de se ter uma linha telefônica, mas guarda grandes diferenças, principalmente por ter menos limitações em tamanhos de grupos e outras questões. Foi criado na Rússia, mas atualmente está sediado em Dubai, nos Emirados Árabes Unidos. O *Telegram* tem sido acusado de não tomar medidas para dificultar a disseminação de notícias falsas.

YouTube:[84] é um *site* especializado em armazenar e compartilhar vídeos. É uma ótima fonte de pesquisas e também qualquer um poderá abrir gratuitamente uma conta para armazenar e disponibilizar os seus vídeos, de forma pública ou privada, além de ser possível a sua integração com outras mídias e redes sociais.

LinkedIn:[85] é uma rede de divulgação profissional, em que uma pessoa divulga as suas aptidões que podem ser endossadas por outras pessoas e/ou empresas. Embora envolva menos pessoas do que outras redes, pode representar uma rede mais consistente do ponto de vista das habilidades/afinidades de quem participa.

---

[82] Disponível em: https://pt.wikipedia.org/wiki/WhatsApp. Acesso em: 11 jan. 2024.
[83] Disponível em: https://pt.wikipedia.org/wiki/Telegram. Acesso em: 11 jan. 2024.
[84] Disponível em: https://pt.wikipedia.org/wiki/YouTube. Acesso em: 11 jan. 20244 .
[85] Disponível em: https://pt.wikipedia.org/wiki/LinkedIn. Acesso em: 11 jan. 2024.

TikTok:[86] é um aplicativo criado na China e utilizado para criar e compartilhar vídeos curtos. Já ultrapassou mais de um bilhão de usuários em todo o mundo. Esse aplicativo esteve envolvido em polêmicas, sendo banido totalmente da Índia em 2020, pois falava-se em "ameaça chinesa". No mesmo ano e pelo mesmo motivo, o Presidente americano Donald Trump tentou bani-lo dos Estados Unidos da América, mas sem sucesso.

Kway:[87] é também uma rede social de vídeos curtos criada na China e que está em franca expansão. Foi banido na Índia pelos mesmos motivos do banimento do *TikTok*, ou seja, por haver um receio da perda da segurança do referido país em relação à China.

10.3 Como o candidato pode utilizar as redes sociais

Em uma democracia, os que atuam, de alguma forma, como liderança na política dependem da avaliação periódica do eleitorado, precisando aperfeiçoar cada vez mais o processo de comunicação com o público, embora nem todos ainda tenham consciência disso.

Ao contrário das empresas que, hoje precisam passar pela avaliação constante de seus consumidores, boa parte dos políticos ainda acredita que só passa pela avaliação apenas a cada quatro anos, no momento da votação, como era no passado. Muitos ainda não entendem a importância da construção de sua imagem como um processo contínuo. Um erro que pode custar a muitos a eleição ou a reeleição.[88]

As redes sociais são instrumentos que facilitam esse processo contínuo de construção de imagem e, para que isso seja bem feito, devem ser bem utilizadas. Da mesma maneira, elas podem dificultar que a imagem seja desconstruída. E esse processo deve ser feito o tempo todo e de maneira bem mais intensa durante o processo eleitoral, que é quando a população será chamada a decidir.

---

[86] Disponível em: https://pt.wikipedia.org/wiki/TikTok. Acesso em: 11 jan. 2024.
[87] Disponível em: https://pt.wikipedia.org/wiki/Kwai. Acesso em: 11 jan. 2024.
[88] PRADO, Ednelson. *Marketing político digital*: como construir uma campanha vencedora. Curitiba: Appris, 2018. p. 9.

Embora o contato nas redes sociais seja em regra distante, há a vantagem de enviar uma mensagem para várias pessoas ao mesmo tempo independente da distância física que elas estejam.

O bom é quando uma notícia boa sobre o candidato viraliza nas redes. Viralizar é quando algo postado, por algum motivo (muito bom, muito ruim, diferente, ridículo, deplorável, fantástico), passa a ser compartilhado indiscriminadamente por muitas pessoas. Ao mesmo tempo pode se tornar um grande problema: notícias bem negativas ou ridículas sobre o candidato têm um potencial ainda maior de serem viralizadas.

O conteúdo e a forma, assim como a intensidade, de postar informações nas redes sociais são variáveis de acordo com o perfil do candidato. Mas é importante que as postagens sejam feitas de forma adequada, de uma maneira que tenham condições de atingir o seu objetivo. Por exemplo: não é bom ficar insistindo com assuntos de maneira repetitiva.

O uso das redes sociais deve ser intenso, mas as atividades presenciais — como é o caso do contato pessoal, das reuniões, das palestras, das caminhadas e de outros eventos físicos — ainda são importantes. Essas atividades presenciais podem ser um diferencial positivo em favor de quem as utiliza.

Existem várias redes sociais, conforme mencionado no item anterior, algumas até já nasceram e morreram, sendo o caso mais famoso o do *orkut*. Cada uma tem uma forma de operação diferente e também podem ter públicos diferentes. As atualizações são muito velozes. É bom o candidato aproveitar bem delas, mas é importante conhecer as suas limitações e os seus riscos.

Caso uma campanha tenha estrutura financeira suficiente é fundamental a contratação de um profissional que atue na área de redes sociais, e isso será mais importante ainda caso o candidato seja eleito.

E quais são os cuidados que devemos ter ao utilizar as redes sociais?

Lembrar que é necessário o respeito à legislação eleitoral, pois se trata de veiculação de conteúdo por meio da internet. Devem ser observados os artigos 57-A a 57-J da Lei nº 9.504/1997, bem como os artigos 58 e 58-A da mesma lei que abordam o direito de resposta e também as resoluções do TSE sobre o assunto.

As redes sociais são importantes, mas em regra são dominadas por mensagens superficiais que inclusive têm mais chance de serem compartilhadas do que as mensagens mais consistentes, o que empobrece o debate. Também há uma ideia de *lacração* que consiste basicamente em criar uma mensagem (mesmo que estapafúrdia) com a conclusão final conveniente para o autor sobre determinado assunto, inclusive com teor agressivo, numa tentativa de dominar a narrativa, prejudicando qualquer forma de debate. Isso facilita a disseminação de conteúdo racista, homofóbico, machista, autoritário e preconceituoso.

É importante quebrar esse ciclo e promover debates de bom nível nas redes sociais, mas para isso é necessário conhecer as peculiaridades desse novo ambiente.

Deve-se tomar cuidado com o envio de mensagens privadas a familiares e amigos. Elas podem vazar, por descuido ou por má-fé de pessoas próximas (com quem os dados foram compartilhados ou teve acesso autorizado) ou por terceiros (*hackers*). Essas mensagens vazadas têm potencial muito lesivo à imagem do candidato, principalmente se contiverem falas que são normais no campo privado, mas constrangedoras quando públicas.

Usar medidas de proteção como é o caso da confirmação em duas etapas[89] em aplicativos de mensagens e do uso de um bom antivírus. Também é bom tomar cuidado com as senhas e com quem será dado acesso às redes.

Também é importante ser cuidadoso com relação ao conteúdo. O que vai para as redes navega pelo mundo, principalmente aquilo que é feito de errado não será esquecido e provavelmente muito compartilhado de maneira negativa pelos adversários. Por exemplo: escrever mensagens com erros de português, falar palavrões etc. Erros como esses passam despercebidos quando é falado para poucas pessoas aliadas, mas quando eles vazam para o grande público tendem a viralizar.

E um grande cuidado é a preparação, que é um importante diferencial, não somente na parte das redes sociais, mas na parte da campanha como um todo. "Não deixe de realizar os treinamentos necessários. Capacite-se ao máximo, pois uma campanha requer habilidades que, muitas vezes, vão bem além do carisma".[90]

---

[89] Dificulta que alguém invada a sua conta de mensagens e também de outros aplicativos. No WhatsApp é explicada em: https://faq.whatsapp.com/pt_br/android/26000021/. Acesso em: 4 nov. 2019.
[90] PRADO, Ednelson. *Marketing político digital*: como construir uma campanha vencedora. Curitiba: Appris, 2018. p. 25.

10.4 O risco das *fake news*

A utilização de informações falsas é algo muito comum nas relações sociais. Uma pessoa ou um grupo delas pode inventar algo com o objetivo de convencer a outras pessoas sobre determinado assunto. Sempre foi muito utilizada em processo eleitoral, até mais do que nos negócios privados. Segundo Fernando Gaspar Neisser: "O falseamento de fatos com intuito propagandístico é contemporâneo à própria noção de propaganda e ao surgimento de cada um de seus mais tradicionais meios de difusão".[91]

Quando alguém vende um produto e mente sobre ele, aquele que foi vítima da trapaça tem vários meios para reclamar e até pedir indenização. Além disso, o vendedor poderá ficar *mal visto* e perder a sua credibilidade.

No caso eleitoral, muito embora falas mentirosas possam ser desmascaradas, é muito sedutor mentir, pois quem foi induzido a votar ou deixar de votar em alguém a partir de uma mentira não poderá retroceder do voto dado caso descubra a real verdade após as eleições. E também não poderá reclamar juridicamente, pois o voto é secreto. Poderá no máximo processar quem deu a notícia falsa, mas modificar o resultado eleitoral é algo utópico. Claro que quem usou de esperteza espalhando notícias falsas para se eleger tenderá a ser desmoralizado, mas terá quatro anos para se recompor e inventar novas mentiras até o dia que acabarão as pessoas a que se dispõem a acreditar nelas.

Infelizmente, as chamadas *fake news* têm dominado os últimos processos eleitorais e não são fáceis de ser combatidas, tanto pela rapidez com que são disseminadas, quanto pela dificuldade de identificar a sua origem. Isso gera conflitos desnecessários, além de uma grande crise de credibilidade.

> Esse submundo da internet é um dos grandes culpados pela onda de ódio que vivemos. Mas ele só germinou e deu tantos frutos porque no Brasil o debate público não é qualificado. Se fosse, quem usa material falso como subsídio de argumentação nem seria ouvido ou levado a sério.[92]

---

[91] NEISSER, Fernando Gaspar. *Crime e mentira na política*. Belo Horizonte: Fórum, 2016. p. 95.
[92] SAKAMOTO, Leonardo. *O que aprendi sendo xingado na internet*. São Paulo: Leya, 2016. p. 10.

Na realidade, o desafio para quem quer almejar uma candidatura e quer ter uma vida longa e consistente na política é ingressar para qualificar o debate. É algo necessário para que a democracia brasileira seja aprimorada.

Algumas pessoas, principalmente as que atuam na área política, tendem a generalizar demais o que seria *fake news*. Qualquer notícia negativa que os desmerecem tendem a dizer que se trata de *fake news*, de coisa inventada para desmoralizá-lo. Na realidade, notícias com críticas, mesmo que exageradas, não podem ser consideradas *fake news* por si só. O problema não é a crítica a um fato, mas sim a invenção ou a distorção de um fato dando-o aparência de verdadeiro, com o condão de influenciar desavisados.

Mas tem um outro desafio, provavelmente mais urgente, que é o candidato se defender caso seja alvo de *fake news*. Todavia, não se trata de uma tarefa fácil, pois elas costumam ser originadas de pessoas anônimas, o que dificulta o seu rastreamento e consequente punição por eventual delito contra a honra cometido, além de se alastrarem de forma muito rápida, o que também dificulta o seu combate.

Embora sejam rápidas na disseminação, não raras vezes a vítima demora a tomar conhecimento ou quando toma não tem a dimensão do estrago feito. É claro que um candidato majoritário tem muito mais chances de ser alvo de *fake news* do que um candidato proporcional, pois as eleições majoritárias são mais polarizadas. Mas mesmo assim é bom estar preparado para ser alvo e conseguir se defender bem.

Um caminho é o candidato monitorar bem o que está sendo falado, mas não é para ir respondendo a tudo que se fala sobre ele, pois aí poderá estar alimentando a audiência dos seus inimigos. Caso entenda que é necessário, pode ser feita uma defesa contundente, mas de qualquer maneira o importante é evitar que a falsa notícia contamine o seu público mais próximo, ou seja, o seu eleitorado.

Havendo fato mais grave deve se recorrer ao Poder Judiciário, pois é crime contra a honra difundir notícia falsa contra alguém. E se for com o objetivo de prejudicar candidato, aí será tratado inclusive como crime eleitoral.

O cuidado com o conteúdo postado é outra forma de se evitar *fake news*, pois muitas delas são baseadas a partir de algum fato real, de algum comentário que o candidato tenha feito e é dado um sentido distorcido ao que falou. Por isso, o cuidado com a linguagem é fundamental, não que seja um antídoto eficaz contra quem faz maldades, mas dificulta que o boato tenha alguma credibilidade.

O caminho é não se afastar da imprensa, pois ela tem sistemas de checagem de notícias falsas. A imprensa profissional pode receber muitas críticas, mas ela ainda é um meio importante para se consultar, pois ainda que tenha uma linha ideológica, possui um compromisso com a sua credibilidade, e caso inventem notícias falsas a perderá totalmente. Além disso, a imprensa profissional tem nome, endereço, CPF e CNPJ e é facilmente localizada no caso de responsabilização. Já um *blog* administrado por uma pessoa qualquer poderá inventar muitas notícias falsas, pois não teme ser desmascarado, uma vez que não tem um nome a zelar, mas é claro que a lei pode alcançá-lo, porém não é tarefa fácil.

Por meio da Resolução nº 23.732/2024, o TSE inseriu os arts. 9º, §§1º e 2º a 9º-H na Resolução nº 23.610/2019, cuja Seção II se desdobra exclusivamente sobre a desinformação na propaganda eleitoral, desde o uso desta propriamente dita, passando pelos deveres dos provedores de internet, medidas que devem ser adotadas para impedir ou diminuir a circulação de fatos notoriamente inverídicos ou gravemente descontextualizados, também a responsabilização e sanções a serem aplicadas, além de regulamentar o uso da inteligência artificial, *chatbots*, conforme veremos a seguir.

10.5 O uso da inteligência artificial

A grande novidade da tecnologia ocorrida em 2023 e com possibilidade de enorme uso nas eleições 2024 é a inteligência artificial (IA).[93] Esse recurso já existe e está em franca evolução já a algum tempo, como é o caso dos atendentes virtuais de muitas empresas que, na prática, são uma máquina conversando com um ser humano e dando respostas até razoáveis para as perguntas feitas. É como se potencializássemos em uma máquina a possibilidade de ter certo "raciocínio". A informática sempre foi uma sequência de códigos que imprime velocidade a ações que o ser humano poderia praticar, mas levaria mais tempo. A IA vai além disso, pois ela consegue interagir com o ser humano a partir dos seus pedidos.

Mas o que fez com que a IA fosse popularizada foi o lançamento, ao final de 2022, do *ChatGPT*,[94] mas que teve uma difusão maior em

---

[93] Disponível em: https://pt.wikipedia.org/wiki/Intelig%C3%AAncia_artificial. Acesso em: 14 jan. 2024.
[94] Disponível em: https://pt.wikipedia.org/wiki/ChatGPT. Acesso em: 14 jan. 2024.

2023, virando uma verdadeira "febre". A sigla *ChatGPT* significa, em inglês, *Chat Generative Pre-Trained Transformer* e, numa tradução livre para o português, significa "Transformador Pré-treinado Generativo". Ele consegue construir textos, fazer monografias inéditas, responder a perguntas, escrever músicas etc. Ele é bem mais apurado do que seus antecessores, trazendo resultados com melhor filtro. Há o risco de muitos estudantes, por exemplo, recorrerem ao referido programa para fazer os seus trabalhos escritos. Para evitar isso, várias instituições estão avaliando aumentar a obrigatoriedade de apresentação oral dos trabalhos.

Também há outras aplicações de IA, que inclusive podem gerar vídeos fictícios, mas com aparência de verdadeiros. E na política isso é muito tentador por parte de alguns atores nada éticos, que podem colocar palavras (ruins, é claro) na boca de adversários com o fim de trazer prejuízos eleitorais.

Isso é muito preocupante, sendo que vários alertas estão sendo feitos sobre esse assunto. A Ministra do TSE Edilene Lôbo, em obra conjunta com Núbia Franco de Oliveira, adverte o seguinte, logo na introdução do seu livro:

> A proteção de dados pessoais em tratamento automatizado adquire contornos de urgência cada vez maiores, devido ao aumento da capacidade tecnológica, que expande as possibilidades de sua utilização no âmbito comercial, político e social, partindo de grandes bases de dados. As decisões, antes a cargo dos indivíduos, são cada vez mais delegadas aos algoritmos, com a automatização ocorrendo desde as tarefas mais simples até as mais complexas, alterando atividades que, no passado, eram consideradas eminentemente humanas.[95]

Isso não quer dizer que os candidatos e as candidatas a vereador(a) não devam usar a IA. Devem usar, pois é uma nova ferramenta tecnológica que pode facilitar muito várias atividades, porém, seguindo padrões éticos. Além disso, também devem estar preparados para se defender de ataques dos seus adversários que utilizarão IA.

De qualquer maneira, em matéria de tecnologia no mundo atual, não é tarefa fácil fazer previsões de quais serão os próximos passos que serão dados. Tudo se movimenta numa velocidade enorme, sendo

---

[95] LÔBO, Edilene; OLIVEIRA, Núbia Franco de. *Direitos fundamentais e inteligência artificial*: reflexões sobre os impactos das decisões automatizadas. Belo Horizonte; São Paulo: D'Plácido, 2023. p. 21.

difícil de acompanhar. E com o alcance das redes sociais, os impactos das novas tecnologias tendem a ser enormes, para o bem e para o mal. Isso levou o TSE, por meio da Resolução nº 23.732/2024, a inovar mais uma vez, regulamentando o uso da inteligência artificial na propaganda eleitoral, estabelecendo o que deve ser feito quanto à identificação dessa ferramenta, entre outros tópicos, a exemplo do art. 9º-B:

> Art. 9º-B. A utilização na propaganda eleitoral, em qualquer modalidade, de conteúdo sintético multimídia gerado por meio de inteligência artificial para criar, substituir, omitir, mesclar ou alterar a velocidade ou sobrepor imagens ou sons impõe ao responsável pela propaganda o dever de informar, de modo explícito, destacado e acessível que o conteúdo foi fabricado ou manipulado e a tecnologia utilizada.
>
> § 1º As informações mencionadas no caput deste artigo devem ser feitas em formato compatível com o tipo de veiculação e serem apresentadas:
>
> I – no início das peças ou da comunicação feitas por áudio;
>
> II – por rótulo (marca d'água) e na audiodescrição, nas peças que consistam em imagens estáticas;
>
> III – na forma dos incisos I e II desse parágrafo, nas peças ou comunicações feitas por vídeo ou áudio e vídeo;
>
> IV – em cada página ou face de material impresso em que utilizado o conteúdo produzido por inteligência artificial.
>
> §2º O disposto no caput e no §1º deste artigo não se aplica:
>
> I - aos ajustes destinados a melhorar a qualidade de imagem ou de som;
>
> II - à produção de elementos gráficos de identidade visual, vinhetas e logomarcas;
>
> III - a recursos de marketing de uso costumeiro em campanhas, como a montagem de imagens em que pessoas candidatas e apoiadoras aparentam figurar em registro fotográfico único utilizado na confecção de material impresso e digital de propaganda.
>
> §3º O uso de *chatbots*, avatares e conteúdos sintéticos como artifício para intermediar a comunicação de campanha com pessoas naturais submete-se ao disposto no caput deste artigo, vedada qualquer simulação de interlocução com a pessoa candidata ou outra pessoa real.
>
> §4º O descumprimento das regras previstas no caput e no § 3º deste artigo impõe a imediata remoção do conteúdo ou indisponibilidade do serviço de comunicação, por iniciativa do provedor de aplicação ou determinação judicial, sem prejuízo de apuração nos termos do § 2º do art. 9º-C desta Resolução.

Por fim, uma inovação importantíssima se encontra no art. 9º-C, também incluído pela Resolução nº 23.732/2024, que traz de forma expressa a vedação à utilização dessa ferramenta na fabricação de *fake news* e *deep fakes*, e as consequentes penalidades para o descumprimento dessa proibição, conforme disposto nos §§1º e 2º:

> Art. 9º-C É vedada a utilização, na propaganda eleitoral, qualquer que seja sua forma ou modalidade, de conteúdo fabricado ou manipulado para difundir fatos notoriamente inverídicos ou descontextualizados com potencial para causar danos ao equilíbrio do pleito ou à integridade do processo eleitoral.
>
> *§ 1º É proibido o uso, para prejudicar ou para favorecer candidatura, de conteúdo sintético em formato de áudio, vídeo ou combinação de ambos, que tenha sido gerado ou manipulado digitalmente, ainda que mediante autorização, para criar, substituir ou alterar imagem ou voz de pessoa viva, falecida ou fictícia (deep fake).*
>
> § 2º O descumprimento do previsto no caput e no § 1º deste artigo *configura abuso do poder político e uso indevido dos meios de comunicação social, acarretando a cassação do registro ou do mandato, e impõe apuração das responsabilidades nos termos do § 1º do art. 323 do Código Eleitoral, sem prejuízo de aplicação de outras medidas cabíveis quanto à irregularidade da propaganda e à ilicitude do conteúdo.*

CAPÍTULO 11

ATIVIDADES QUE PODERÃO SER DESENVOLVIDAS

Em uma campanha eleitoral, há várias atividades que podem ser realizadas. Algumas necessitarão de pouco trabalho para serem desenvolvidas, já outras precisarão de muito esforço e da participação de várias pessoas. Algumas poderão ter resultados imediatos, outras serão apenas atividades de sustentação a outra de maior importância.

Procuraremos neste capítulo informar sobre as principais atividades de campanha que podem ser desenvolvidas, tanto aquelas que visam a atingir um público maior e disperso quanto às que se voltam para um público menor e mais direcionado.

Ressalte-se que as atividades devem ser bem planejadas para conseguir o sucesso pretendido. Além disso, é de suma importância ter um cronograma de atividades de campanha organizado, pois possibilita ao candidato e ao comitê eleitoral darem a devida prioridade às atividades mais importantes. Atividades que exijam uma boa soma de recursos materiais e humanos não devem ser marcadas em dias muito próximos. Isso é importante para que não ocorra uma sobrecarga excessiva de trabalho e, o pior, que o comitê eleitoral do candidato não consiga organizar bem nenhuma das ações programadas.

11.1 Atividades dirigidas

Visam a atingir um público mais específico, com um potencial maior de simpatia com o candidato. Numa eleição para vereador, esse tipo de atividade ganha importância, principalmente quanto menor for o Município. As principais atividades desse tipo são:

Visitas – é relevante o candidato listar todas as pessoas que ele conhece e visitá-las, explicando melhor as suas propostas e solicitando o seu voto e de sua família. Além disso, deverá deixar com a pessoa material informativo sobre a sua candidatura. Caso a pessoa demonstre simpatia, é importante convidá-la a engajar-se na campanha, seja colocando um adesivo de campanha na janela de sua casa, colocando um plástico no carro ou participando da composição de um grupo de apoio ou comitê eleitoral.

Telefonemas – o candidato deve manter uma agenda atualizada com o telefone dos seus apoiadores e dos seus prováveis eleitores. Em alguns casos, é bom manter um contato permanente. Os telefonemas também podem substituir algumas visitas que se tornarem difíceis de serem realizadas em função da falta de tempo. Mesmo em uma época em que as mensagens em aplicativo dominam a relação entre as pessoas, o telefonema é algo pessoal que pode ser visto pelo eleitor como uma atenção especial dada pelo candidato, e isso é bom. Entretanto, é uma atividade que toma muito tempo e deve ser bem dosada. Outro fator que deve ser levado em consideração é que algumas pessoas não gostam mais de usar o telefone via voz dado o costume de utilizar mensagens, inclusive costumam nem atender mais as ligações devido ao cerco que sofrem das empresas de telemarketing. Vale lembrar que o candidato deve usar a lista dos seus contatos pessoais, não podendo comprar listas de telefones e outros dados, nem usar dados das pessoas relacionadas no art. 24 da Lei nº 9.504/1997, mesmo que cedidos gratuitamente.

Mala-direta – nesta hipótese o candidato possui um cadastro geral de seus eleitores em potencial o que viabiliza o envio de (cartas, panfletos, adesivos etc.) via serviço postal. Tem a vantagem de remeter informações para as pessoas de uma vez só e com um gasto relativamente pequeno, especialmente ao compararmos o quanto seria gasto de tempo e de dinheiro para visitar todas essas pessoas. O uso da mala-direta deve ser prioritário para aquele candidato que possuir uma base eleitoral muito espalhada no município, sem concentrar em um determinado bairro ou região. Nos dias atuais é mais eficiente o envio de mala-direta via *e-mail* ou também por rede social, principalmente por aplicativo de mensagens, em que o mais utilizado é o *WhatsApp*. Aplica-se à mala-direta a mesma restrição no tocante à compra e uso de dados que foi abordada no item anterior.

Reuniões – podem ser realizadas pequenas reuniões nas casas das pessoas ou no próprio comitê eleitoral. Nessas reuniões, para a qual deverão ser convidados os vizinhos e outras pessoas próximas, o candidato deverá expor sobre as suas propostas e também responder aos questionamentos, bem como ouvir sugestões para o seu trabalho.

Uma das dificuldades que o candidato provavelmente encontrará nessas atividades, principalmente naquelas em que houver um contato direto com o eleitor, decorre em parte da cultura política brasileira. Em função dela, grande parte das pessoas contatadas por um candidato dirá sim a ele, mesmo não tendo a mínima intenção de dar o seu voto. E isso pode gerar uma grande ilusão na cabeça do candidato que se considerará eleito após realizar as primeiras visitas, porque poderá ter uma grande decepção após a abertura das urnas.

Os motivos que levam as pessoas a terem esse tipo de comportamento são vários. Um deles é que os eleitores não querem contrariar o candidato por medo de serem perseguidos posteriormente, caso ele ganhe a eleição. Também há aqueles que querem pedir favores e para isso sempre vão dizer que votaram naqueles que ganharam as eleições. Essa conduta do eleitor também acontece muito na eleição para vereador, pelo fato de existirem muitos candidatos e muitas pessoas gostarem de agradar a todos. Além disso, como há no país uma grande falta de informação e formação política, as pessoas tendem a não tomar posições políticas claras. Diante disso, qualquer candidato deveria ficar mais contente com o eleitor que fala a verdade, mesmo que diga não, do que com aquele eleitor que diz sim apenas para agradar e acaba atrapalhando a realização de uma avaliação mais realista da campanha.

Outra dificuldade que surge na execução dessas atividades é o enorme tempo que elas consomem. Um candidato pode gastar um mês inteiro para visitar parte de seus prováveis eleitores. Não obstante, algumas visitas acabam ficando muito demoradas; mas como são importantíssimas o candidato deve fazê-las da forma mais objetiva possível, com o tempo necessário para uma boa conversa, sem que se prolonguem muito e prejudique outras atividades que ele deve realizar. Entretanto, mesmo com o advento das redes sociais, as atividades que busquem diretamente o contato com eleitor não devem se menosprezadas, pois é um diferencial para o eleitor no momento da escolha do candidato para votar.

11.2 Atividades de massa

Nessas atividades, o candidato divulga o seu nome e as suas propostas para o maior número de pessoas possível. Elas dão um impulso e ajudam a consolidar bem a campanha, embora em uma eleição para vereador, exceto nas grandes cidades, elas não sejam muito decisivas na conquista do voto. As principais atividades desse tipo são:

Panfletagem – é a distribuição dos mais diversos tipos de materiais (panfletos, santinhos, jornais etc.), principalmente em locais de grande concentração de pessoas: pontos de ônibus, pontos comerciais, porta de fábrica, bares e outros. Quem estiver fazendo panfletagem não deve simplesmente entregar o material, mas, se possível, tentar conversar com as pessoas.

Corpo a corpo – é um tipo de panfletagem em que ocorre a participação também do candidato, o que é importante, pois ele poderá encontrar, no meio da multidão, pessoas conhecidas que talvez nem tinha lembrado de contatar.

Caminhadas – podem ser realizadas em bairros ou regiões centrais da cidade e devem contar com um bom número de pessoas, além de bandeiras e outros materiais de campanha, inclusive carro de som. As pessoas caminham e abordam outras que estão nas ruas, transformando a caminhada em um grande corpo a corpo.

Comícios – é um meio tradicional de campanha que já estava em desuso devido à ascensão da propaganda feita em rádio e televisão e agora mais ainda devido às redes sociais. Entretanto, ainda têm a sua importância e devem ser realizados nos principais bairros de um município. Tendo em vista que um candidato a vereador, exceto se ele possuir muitos recursos, não conseguirá fazer um comício sozinho, o mesmo deverá associar-se com outros candidatos do mesmo partido ou coligação e com o candidato majoritário para realizar os comícios pelo menos na (s) região (es) em que ele atua. Vale a pena ressaltar que a legislação eleitoral proíbe que nos comícios tenham atrações artísticas, mesmo as que se apresentarem voluntariamente.

Carreatas – é uma atividade que costuma ser realizada na reta final da campanha, quando o nível de adesão é maior, pois se torna mais fácil conseguir vários apoiadores que tenham carro para fazê-la. O importante em uma carreata é que seja feito um itinerário bem definido que abranja bem a região que se pretende atingir, devendo os carros estar visualmente decorados com adesivos podendo também ter a presença de carro de som e bandeiras.

Debates – é importante que o candidato participe de todos os debates para os quais for convidado, sejam debates promovidos por entidades da sociedade civil ou por emissoras de rádio e televisão. A realização desses debates deve ser incentivada por todos, pois é uma forma de propiciar que a população reflita melhor sobre a escolha que irá fazer no processo eleitoral. Além disso, é bom que os candidatos e partidos também promovam debates.

As atividades de massa atingem muitas pessoas em um curto espaço de tempo. Entretanto, a maioria delas tem um alto custo financeiro. Esse é outro fator que favorece a união, entre vários candidatos a vereador de um mesmo partido ou coligação em conjunto com o candidato a prefeito, para a realização das grandes atividades.

Algumas das ações descritas, embora estejam listadas como sendo de massa, podem, em alguns casos, ser consideradas como dirigidas a um público específico. É o caso de um corpo a corpo realizado em uma empresa em que o candidato conhece várias pessoas ou um debate realizado com membros de um certo setor da sociedade ao qual o candidato também pertença.

Também é importante lembrar que a internet proporciona meios modernos de atividades, como é o caso de reunião por videoconferência, de transmissão ao vivo (conhecida como *live*) a partir de redes sociais, dentre outros.

11.3 O trabalho em conjunto com o candidato majoritário

Muitas vezes o candidato incorre no erro de pensar que a sua campanha deve ser feita independente da campanha para prefeito. Isso o leva a cair no individualismo ao pensar que o que interessa é eleger-se, não se importando com quem irá ocupar a chefia do Poder Executivo e nem com os destinos da cidade.

Muitos candidatos fazem uma campanha isolada, pois pensam que assim terão mais chance de sucesso ao não se envolverem com a briga entre os candidatos majoritários. Entretanto, como a população se envolve muito no debate da eleição majoritária e quase nada na eleição proporcional, uma campanha para vereador isolada da campanha para prefeito tenderá a cair no vazio.

O envolvimento com o candidato majoritário é um ato de fidelidade partidária; sendo assim, o candidato a vereador será reconhecido pela firmeza com que defende as suas posições e não como aquele que defende apenas os seus interesses pessoais. A própria lei eleitoral permite que os partidos políticos possam requerer o cancelamento do registro do candidato que for expulso do respectivo partido, até a data da eleição, em processo no qual seja assegurada ampla defesa e sejam observadas as normas estatutárias (art. 14 da Lei nº 9.504/97).

Para uma boa campanha conjunta, o candidato a vereador, além de colocar o nome do candidato a prefeito em seus materiais, deverá participar ativamente das grandes atividades promovidas pelo partido ou coligação (festas, comícios, passeatas, carreatas, panfletagens, dentre outras) e contribuir para o sucesso delas. Nessa participação, o candidato terá chances de, além de ajudar o candidato majoritário, abrir novos espaços para a sua própria campanha.

ORATÓRIA, ÉTICA E SAÚDE

12.1 Falando em público

Não há dúvida de que um candidato necessite muito de falar em público. Desde reuniões pequenas, passando por discursos em comícios e até em entrevistas para órgãos da imprensa. Existem falas mais de caráter individual: conversas, telefonemas, contato no corpo a corpo com os eleitores etc. Mas existem também as falas de caráter coletivo: palestras, discursos, entrevistas, vídeos etc.

As primeiras são mais simples e exigem pouco do candidato, embora as conversas individuais também devem ser cercadas por cuidados. Já as segundas exigem mais do candidato, pois atingem um público bem maior e podem contribuir com a vitória caso sejam bem aproveitadas ou com a derrota caso as falas em público sejam desastrosas.

E para que o candidato consiga transmitir bem a sua mensagem terá que falar bem e demonstrar uma boa imagem. É comum existir um bom candidato (honesto, com boas ideias e com uma história de vida interessante) que não consiga, em suas falas, expressar o que realmente ele é, não passando uma boa imagem.

Mas também existe o contrário, que é muito pior: um péssimo candidato (desonesto, demagogo e com uma história de vida deplorável) que tem um bom discurso e que consiga transmitir ao eleitorado uma boa imagem. Ele até consegue algumas vitórias passageiras, mas no futuro será desmascarado.

E ainda existem os candidatos que tem vergonha de falar em público. Ficar com vergonha das pessoas é muito comum para quem é tímido e pode levar a pessoa a tremer, a gaguejar, a ficar ruborizado, bem como a falar muito rápido para tentar acabar logo. Na realidade, é o medo de se expor, é o medo da reação das pessoas e do que elas irão pensar a seu respeito. Tem pessoas que, mesmo falando razoavelmente bem, pensam que os outros não estão gostando de sua fala, e qualquer conversa paralela que ocorra na plateia irá levá-las a pensar que estão falando mal delas. Uma boa notícia é que o medo de falar em público não é difícil de ser vencido caso o candidato tenha boa vontade em se preparar.

O importante é que a fala do candidato tenha um bom conteúdo e que revele sinceramente o que ele realmente é, sem apelar para a demagogia. Isso, além de facilitar uma aceitação melhor e duradoura do candidato, é também uma questão de ética.

Entretanto, além da sinceridade, algumas dicas são importantes e estão listadas a seguir:

- O candidato pode demonstrar as suas qualidades, mas sem usar de autoelogios muito diretos. O importante é ressaltar os pontos positivos para que as pessoas possam notá-los.

- A fala também compreende a parte gestual. Quando as pessoas assistem a alguém falando em público elas não prestam atenção simplesmente no discurso falado. Elas costumam olhar muito para a pessoa que fala, especialmente reparando as suas feições e os seus gestos. O importante é que sejam compatíveis com o que esteja sendo falado, pois do contrário demonstra que o candidato não é sincero.

- Muitas vezes o candidato pode falar bonito, mas cometer uma grande gafe, como por exemplo: trocar o nome de alguém (o pior é trocar pelo nome de alguém não muito bem visto), falar errado o nome do local em que está discursando etc. Uma vez um candidato estava dando uma palestra e aí percebeu que na plateia estava um amigo que ele não via há muito tempo. Aí o candidato falou o seguinte: "Quero agora cumprimentar o meu saudoso amigo...". Ora, saudoso não é um termo usado para alguém que tenhamos saudade, mas para alguém que já tenha morrido. O pior é que essas gafes dificilmente são esquecidas pelo público e podem virar chacota difundida pelos adversários do candidato.

- A fala deve ser adequada de acordo com o público, pois o mesmo pode não entender algumas palavras. Caso o candidato precise usar alguma palavra difícil para um público de pessoas mais simples, deverá traduzi-la sutilmente para que as pessoas a entendam. Exemplo: "... para que a estabilidade da moeda continue, é importante que o Brasil mantenha o superávit primário em suas contas. Superávit primário nada mais é do que o País gastar menos do que arrecada, excetuando as contas relativas a juros recebidos e juros pagos..."

- Deve-se ter o maior cuidado com palavras e expressões que o público pode entender errado. Na realidade, trata-se das palavras de duplo sentido. Pode ocorrer muito quando uma pessoa de uma região discursa em outra, pois certas palavras mudam de sentido dependendo do lugar e do contexto em que são faladas. Por exemplo: a palavra *moleque*, em alguns locais, significa criança. Já em outras significa criança malvada. É importante lembrar que, em uma disputa, existem muitas pessoas (adversárias) interessadas em captar qualquer falha para divulgá-la, de maneira exagerada, contra o candidato.

- Algumas palavras devem ser evitadas, pois podem exprimir racismo ou qualquer outra forma de preconceito, mesmo que essa não seja a postura real do candidato. Isso está sendo muito policiado ultimamente. Por um lado, esse policiamento é bom, pois muitas expressões usadas são realmente racistas. Por outro, isso pode resultar em uma grande hipocrisia: pessoas racistas e preconceituosas travestem-se de *bons meninos*, sendo polidos nas palavras, mas continuam discriminando as pessoas no seu dia a dia.

- Não usar o nome de Deus em vão. Muitos candidatos, tentando aproveitar do espírito religioso do povo brasileiro, transformam o seu discurso em uma verdadeira pregação religiosa, mesmo que não acreditem nela. O importante é verdadeiramente acreditar no que se fala.

- Ao usar palavras bonitas demais, o candidato pode parecer exibido. E pode acontecer o pior: ser desmascarado caso use palavras erradas.

- É importante, quando se fala, pronunciar bem as palavras. Numa conversa com poucas pessoas os erros e falhas não são muito percebidos. Entretanto, em um discurso, especialmente quando se fala ao microfone, pequenas falhas na pronúncia das palavras ficam perceptíveis.

- Quando fizer críticas a determinada pessoa ou a grupos de pessoas tome cuidado com a generalização da crítica. Por exemplo: ao criticar um determinado Policial Militar por uma atitude ruim que ele, sozinho em um determinado grupo, tomou não se pode deixar transparecer a ideia que estão sendo criticados todos os policiais militares. Numa situação dessa, vale a pena ressaltar, por exemplo, que "... existem bons policiais na corporação, mas aqueles que abusaram de sua autoridade merecem no nosso repúdio...". Essa forma de falar expõe o fato de maneira clara, mas não deixa o candidato indisposto com toda a corporação, que pode até ter eleitores do mesmo e que podem ser perdidos caso o discurso não seja bem elaborado.
- É importante procurar *conhecer* bem o público para o qual o candidato irá falar. Conhecer o seu nível de escolaridade, o nível de entendimento político, as suas possíveis críticas etc. Isso ajuda muito a formular um bom discurso e que será bem entendido e bem recebido.
- Treinar antes da fala é importante, sempre que isso for possível. Gravar, em voz ou em vídeo, ajuda muito, pois o candidato pode falar e depois verificar o que não foi bem e ir fazendo tantas vezes quanto for necessário para que melhore a sua fala.
- O candidato também pode treinar em frente ao espelho para verificar como está a sua expressão corporal enquanto fala. Além disso, podem ser feitas simulações com pessoas ouvindo o discurso e emitindo opiniões. A preparação é importante especialmente quando o candidato consegue um espaço para fazer um discurso para um grande público. Aí vale a pena que seja feita uma boa preparação, pois aqueles poucos minutos que ele tem para *dar o seu recado* são fundamentais e devem ser bem aproveitados.
- A preparação da fala ainda é mais necessária quando o candidato for gravar vídeos para divulgar as suas propostas.
- É importante ser objetivo evitando falas muito longas. O desafio é o candidato transmitir em pouco tempo as suas principais ideias. Salvo numa palestra o candidato, em regra, terá pouco tempo para falar no dia a dia. A objetividade torna-se ainda mais necessária no uso das redes sociais.

- Existem vários livros sobre oratória que podem ser consultados para uma melhor preparação para o ato de falar em público. Também existem cursos que o candidato pode fazer para aperfeiçoar o seu poder da palavra. Na internet há um sítio interessante sobre o assunto: https://reinaldopolito.com.br/
- A preparação não se deve resumir às técnicas de fala em público, pois é importante que o candidato também se prepare muito no conteúdo. As técnicas de oratória são apenas um meio para levar a mensagem, mas esta terá que ser consistente.

E, sendo o candidato eleito, as habilidades adquiridas e melhor desenvolvidas da fala em público antes e durante a campanha eleitoral serão muito úteis no exercício do mandato. Porém, caso não seja eleito, o candidato poderá usar essas habilidades em outros ramos da vida profissional e social. Imagine como essa experiência pode ser útil para alguém que atue na advocacia, no magistério, no teatro, em locuções, na liderança de entidades ou qualquer outra atividade que utilize a voz.

12.2 Ética na política

Os diversos casos de corrupção ocorridos no Brasil nos últimos anos levaram a uma necessidade de se reafirmar por parte dos postulantes a cargos públicos o compromisso com a ética no exercício do mandato. Mas a ética tem um conteúdo mais amplo e não se resume simplesmente a não roubar do poder público, embora isso já seja um grande começo. Mas o que é ética? João Maurício Adeodato[96] conceitua ética a partir da etimologia da palavra:

> O termo *ethos*, ao lado de *pathos* e *logos*, designa, na Grécia Clássica, uma das dimensões ontológicas fundamentais da vida humana. *Ética* constitui, além da doutrina do bom e do correto, da "melhor" conduta, a teoria do conhecimento e a realização desse desiderato.

Uma das primeiras coisas que podem desvendar se um candidato tem conduta ética ou não é no seu dia, mesmo antes da campanha eleitoral, é a sua linguagem. Há o risco de ela não corresponder, pelo

---

[96] ADEODATO, João Maurício. *Ética e retórica*: para uma teoria da dogmática jurídica. São Paulo: Saraiva, 2002, p.185.

menos em sua essência, com os fatos ocorridos ou que deveriam ocorrer a partir dela. Uma separação muito forte entre o fato e a linguagem pode levar a situações em que se consiga convencer outrem que algo não aconteceu, embora tenha acontecido ou vice-versa.

Também algo que pode demonstrar conduta antiética é o candidato extremamente agressivo que agride a tudo e a todos como forma de angariar apoios. Não queremos dizer que o candidato deve ser ameno em tudo, pois é importante que ele reafirme, em alguns momentos até com firmeza, as suas opiniões. Não é fácil achar a palavra, a expressão, a forma de falar adequadas, para que consiga, ao mesmo tempo ser contundente, mas não agredir. Mas saber explorar bem os argumentos já é um primeiro passo.

A conduta ética também prevê que as acusações feitas contra adversários devem se basear em fatos reais e, o mais importante, estarem acompanhadas de provas. Fazer acusações sem provas desmoraliza quem as faz e o sujeita a processo pela prática de crime eleitoral. Também se enquadra aqui a divulgação de notícias falsas, conhecidas como *fake news*. Mas quem as divulga mais cedo ou mais tarde será desmascarado e também poderá, seja contra a sua pessoa, sua família ou sua empresa, ser alvo de *fake news*. Podemos até adaptar um ditado popular dizendo: "quem com *fake* fere, com *fake* poderá ser ferido".

Ao mesmo tempo é considerada conduta antiética o candidato fazer promessas de coisas que não pode cumprir e(ou) mesmo em relação àquelas que não são competências de um vereador. Isso poderá até ajudar na conquista de alguns votos, mas facilmente o candidato poderá ser desmascarado, inclusive antes da eleição o que fará com que não tenha proveito nenhum de sua demagogia.

Igualmente é algo reprovável oferecer vantagens em troca de votos. Aliás, além de reprovável é crime nos termos do art. 299 da Lei nº 4737/1965. Também é conduta punida com multa e até a cassação do registro ou do diploma nos termos do art. 41-A da Lei nº 9.504/1997.

Importante que o candidato se comprometa com propostas favoráveis a ética na política, tais como: transparência nas questões públicas, redução de mordomias nos mandatos, uso correto da assessoria e dos demais instrumentos postos à disposição, fiscalização efetiva da gestão pública tanto do Poder Executivo quanto do próprio Poder Legislativo etc.

Outra coisa que o candidato deverá tomar cuidado é com as propostas que aumentem a despesa pública ou que reduzam a receita. São propostas que são muito bem aceitas num primeiro momento pela população, pois tem condições de proporcionar melhorias de maneira rápida, mas podem inviabilizar a gestão caso não sejam sustentáveis. Vale lembrar o número muito alto de municípios com salários atrasados de seus servidores, causados devido a aumentos exagerados concedidos no passado, dentre outras causas. Além disso, muitas dessas matérias são de competência privativa do chefe do Poder Executivo para apresentar o projeto de lei.

Outro ponto também importante para avaliar a qualidade ética de um candidato é a sua relação com o seu partido político e com outras instituições democráticas existentes no Brasil. Um candidato que tem um histórico muito grande de mudança de agremiações partidárias certamente as considera apenas como siglas de aluguel e não tem ideologia definida, apenas aproveita aquela que lhe garante espaço. Não é alguém confiável e com certeza durante o mandato considerará o partido político como algo descartável.

E a democracia se constrói com partidos fortes e com coerência entre o seu programa e a atuação dos seus agentes, tanto os que exercem mandato eletivo quanto os que são militantes. Também a democracia se ergue com instituições fortes, como é o caso dos poderes e órgãos autônomos, pois o funcionamento deles é a garantia do direito de todos. Caso eles funcionem mal devem ser ajustados, mas nunca extintos.

Um ponto que deve fazer parte da ética dentro e fora de uma campanha eleitoral é o respeito à igualdade de gênero. Homens e mulheres devem participar em condições de igualdade. Não é correta a atitude de muitos homens que vivem interrompendo a fala das mulheres. É uma atitude atrasada e machista e o candidato que fizer isso tenderá a perder votos. Claro que existe o calor das disputas eleitorais em que ocorrem verdadeiras *guerras verbais*, mas elas devem ser travadas com respeito, principalmente no tocante às questões de gênero.

12.3 A saúde do candidato

Uma campanha eleitoral é algo estressante, pois exige que o candidato desenvolva muitas atividades (visitas, corpo a corpo, panfletagens, caminhadas, comícios, carreatas, dentre outras) em pouco tempo. Ter boas condições de saúde é algo fundamental para conseguir enfrentar isso, pois há o risco de exaustão, há o risco de doenças até então ocultas aparecerem e assim por diante.

O candidato deve, em tempo bem anterior ao período de campanha eleitoral, colocar em dia os seus exames preventivos, bem como fazer os tratamentos prescritos por recomendação médica e/ou odontológica. Isso reduzirá as chances de surgirem problemas indesejáveis durante a fase mais intensa da campanha eleitoral.

Tal constatação (da importância da medicina preventiva) vale de alerta não só para que o candidato a vereador se preocupe mais com a sua saúde (o que já será muito importante), mas para que seja incluída nas plataformas eleitorais (e praticado pelos eleitos) a prioridade para a saúde, especialmente no tocante à medicina preventiva, inclusive em respeito ao que está prescrito no art. 198, II da CF.

A prevenção de uma doença é algo relativamente barato, mas difícil de ser executado, pois exige, dentre outras coisas, a mudança de hábitos (e alguns maus hábitos decorrem da própria cultura popular). Entretanto, a cura de uma doença, após sua instalação no corpo humano, custa muito caro e nem sempre é possível.

Seja qual for o tipo de doença, ter *hábitos mais saudáveis de vida* ajudará, de alguma maneira, a preveni-la, curá-la ou pelo menos minimizar os seus sintomas. E ter hábitos saudáveis não se resume a tomar banho todo dia e limpar bem a casa, embora isso seja um passo importante; infelizmente muitas pessoas nem isso fazem.

O cigarro, as bebidas alcoólicas, o jogo de apostas, o sexo indiscriminado, a falta de exercícios físicos, a automedicação, as drogas, os abusos alimentares, o mau humor, a inveja, dentre outros, causam e agravam grande parte das doenças que sofremos, provavelmente muito mais que os vírus e as bactérias. E dependendo do vício resulta em imagem negativa do candidato perante o eleitorado.

Outra coisa que deve ser evitada é uma vida sedentária (parada, sem exercícios físicos). Não é necessário ser um atleta, já que uma boa caminhada diária é suficiente. Entretanto, deve-se consultar um médico antes de fazer exercícios que demandam mais esforço, principalmente se a idade for mais avançada.

A alimentação é mais um fator decisivo para ter uma boa saúde. Diante disso, é importante ter uma dieta com predominância de frutas, verduras e cereais integrais, evitando ao máximo frituras e alimentos com excesso de açúcar.

Atualmente existem muitas publicações, sejam em livros, reportagens ou programas nos meios de comunicação de massa e também em sítios especializados na internet, que orientam as pessoas sobre hábitos saudáveis de vida. Entretanto, a situação específica de cada pessoa deve ser analisada por um profissional especializado, como é o caso do médico, do nutricionista, do fisioterapeuta, do profissional de educação física, dentre outros.

CAPÍTULO 13

A RETA FINAL DA CAMPANHA

Os últimos quinze dias de campanha são decisivos para a obtenção de um resultado satisfatório ou não. É o momento em que uma boa parte do eleitorado estará decidindo o seu voto. A cada dia que a eleição se aproxima, a disputa torna-se cada vez mais acirrada e é um *corre-corre geral*, na qual os candidatos procuram fazer de tudo pela conquista do voto. Sem dúvida nenhuma, é um período de *loucura total*.

Enfrentar bem este período turbulento não é tarefa fácil, pois na última hora aparecem dificuldades de todo o tipo: falta de material, falta de dinheiro, apoiadores que não cumprem as tarefas para eles designadas, brigas internas na coordenação de campanha, desânimo na campanha do candidato majoritário etc. O candidato deve estar bem preparado para enfrentá-las, pois ao superá-las (no todo ou em parte), facilitará em muito a viabilização de uma vitória eleitoral.

13.1 Como enfrentar o nervosismo

Todas essas dificuldades que aparecem na reta final de campanha provocam um nervosismo geral tanto no candidato quanto nos seus apoiadores mais próximos. Isso pode causar prejuízos irreparáveis à campanha.

Além disso, a cada hora que passa se aproxima mais o momento da eleição. E nela, sem dúvida nenhuma, o nome do candidato estará em jogo. O resultado da eleição, grosso modo, pode representar um grande sucesso ou um grande fracasso na vida de uma pessoa. Tudo isso mexe muito com os sentimentos de qualquer indivíduo deixando-o bastante tenso.

Não há nenhuma receita e nenhum medicamento milagroso que possam acabar com essa *tensão pré-eleitoral*, mesmo porque qualquer processo de disputa acirrada tende a provocar nervosismo em todos. Entretanto, há algumas dicas que, se forem seguidas, podem reduzir bastante essa tensão ou minimizar as suas consequências. As principais dicas são:

a) O candidato não pode encarar a eleição como a coisa mais importante e decisiva de sua vida ou como sendo um jogo de *tudo ou nada*. A eleição é importante e pode ser um passo decisivo na vida da pessoa, mas nunca uma derrota eleitoral pode significar o fim da pessoa.

b) A candidatura deve ser encarada como um serviço à população e por isso ela exige uma boa dose de dedicação por parte do candidato. Porém, dedicação não significa sacrifícios extremos do candidato no seu trabalho ou tortura interna; ele deve trabalhar dentro dos seus limites (físico, mental, emocional etc.) desenvolvendo bem o seu potencial.

c) O candidato não deve tomar medicamentos por conta própria, principalmente aqueles que controlam o sistema nervoso, pois podem causar dependência ou deixar sequelas. Caso sinta algum sintoma diferente, deve procurar orientação médica.

d) Nos dias próximos à eleição, o candidato deverá evitar excessos alimentares. A tensão nervosa poderá dificultar o processo digestivo. Também deverá dormir pelo menos o necessário para o seu descanso.

e) Um bom planejamento de campanha deverá preparar bem a reta final e prever dificuldades que podem acontecer. Com isso, alguns problemas serão mais facilmente resolvidos e a tensão, tanto do candidato quanto dos apoiadores, diminuirá sensivelmente.

f) É bom estabelecer uma relação fraterna e de confiança com os apoiadores e, principalmente, com a coordenação de campanha. É também importante que sejam feitas avaliações periódicas para que os problemas possam ser solucionados no decorrer da campanha. Caso contrário, esses problemas aparecerão todos de uma só vez justamente na reta final da campanha.

13.2 Revisão geral dos trabalhos

Muitas vezes, quando falta cerca de 15 (quinze) dias para a eleição, parece que pouca coisa ainda pode ser feita. Entretanto, devido ao aumento natural do ritmo da campanha, nesses quinze dias finais muito ainda pode ser feito e, por isso, torna-se um período decisivo, como já foi dito anteriormente.

Uma avaliação dos trabalhos já realizados é fundamental para verificar se os seus resultados foram satisfatórios ou não. Com isso, poderão ser planejadas as atividades prioritárias para a reta final de campanha.

Como em uma eleição para vereador há um grande número de candidatos que estarão disputando o voto de um mesmo eleitor, há uma considerável probabilidade de ele mudar o voto durante a campanha. Assim sendo, é importante que na reta final sejam refeitos todos os contatos, principalmente aqueles que foram feitos somente no início da campanha eleitoral. Caso o candidato não possa visitar novamente cada pessoa, poderá telefonar, enviar mensagem, publicar em rede social ou mesmo solicitar a algum apoiador de campanha que faça os contatos.

Nesse trabalho de revisão, certamente serão descobertas pessoas que deveriam ter sido contatadas, mas não foram, e que talvez o contato não tenha sido satisfatório. Além disso, poderão ser visualizados os locais em que a campanha deveria ter sido feita, mas não foi. E ainda haverá tempo, mesmo que limitado, para realizar atividades rápidas para suprir as falhas detectadas.

Com relação ao material a ser utilizado nesse período de reta final, a prioridade será a distribuição das cédulas com o nome e o número do candidato, orientando o eleitor a votar na urna eletrônica. Também podem ser distribuídas as listas de seções eleitorais, orientando as pessoas sobre o local em que irão votar.

Vale a pena lembrar que, a partir de quarenta e oito horas antes do dia da eleição, não é permitida a realização de campanha de massa. Então, nesse período, o candidato pode aproveitar para intensificar os contatos, pessoalmente, por telefone ou pelos meios eletrônicos, com o eleitorado, a fim de conquistar e/ou manter mais alguns apoios que poderão ser preciosos. Lembre-se de que uma eleição para vereador pode ser decidida por uma pequena margem de votos.

A forma de realizar os contatos finais dependerá muito do tamanho do município. Em municípios menores, o contato pessoal com cada eleitor é mais fácil de ser realizado, mesmo na reta final. Já em municípios maiores, é mais difícil, devendo o candidato priorizar os meios eletrônicos, e os contatos pessoais devem ficar mais reservados com lideranças locais.

13.3 O dia da eleição

Durante a reta final da campanha deverão ser feitos todos os preparativos para o dia da eleição. Quanto mais preparado, melhor; no dia da eleição, qualquer problema que acontecer exigirá uma solução rápida.

Uma providência que o partido político, a que o candidato pertence, pode tomar para ajudar a resolver os problemas é manter, no dia do pleito, um *plantão* num local com telefone e facilidade de acesso. Esse plantão será responsável pelo apoio aos fiscais de votação e candidatos, que deverão informar aos plantonistas sobre qualquer problema que estiver ocorrendo. Também poderá fazer contato com os candidatos que, com certeza, ficarão circulando o dia todo nas seções eleitorais, embora não possam fazer campanha.

Com relação à conquista de votos no dia da eleição, o candidato não conseguirá fazer muita coisa, já que será impossível estar presente em todos os pontos de votação. Diante disso, é importante que ele faça um itinerário, em comum acordo com a coordenação de campanha, através do qual percorra pelo menos os locais mais importantes em que a votação estiver ocorrendo.

Mesmo que a distribuição de propaganda impressa no dia da eleição seja proibida pela Legislação Eleitoral, é bom que o candidato e os seus apoiadores fiquem na rua o dia todo, com o adesivo do candidato. A lei veda as aglomerações, mas permite a manifestação individual, silenciosa e ordeira de cada um. Isso é importante, pois muitos eleitores decidem em quem votar para vereador no caminho de ida à seção eleitoral.

Aos fiscais partidários que atuarem nos locais de votação não é permitido portar propaganda, podem apenas portar um crachá com o nome e sigla do partido político ou coligação, não podendo ter vestuário padronizado. Já os servidores da Justiça Eleitoral, os mesários e escrutinadores não poderão estar com propaganda de partido, candidato ou coligação.

A FISCALIZAÇÃO DO PROCESSO DE VOTAÇÃO E APURAÇÃO

Não adianta simplesmente fazer uma boa campanha e conseguir eleitores aptos a votar em um determinado candidato. É necessário também fiscalizar todo o processo de votação e de apuração, pois é aí que esses votos serão oficializados e poderão dar a vitória ao candidato.

O processo eleitoral brasileiro após a implantação da urna eletrônica ficou mais rápido e seguro, mas mesmo assim não pode ser considerado infalível sendo sujeito a erros.

No sistema anterior que utilizava as cédulas de papel, as denúncias de erros e fraudes aconteciam com muita frequência. Os erros eram muito comuns nas eleições proporcionais, pois quando a cédula continha escrito o nome ou número do candidato, nem sempre era tarefa fácil descobrir para quem o voto se destinava. Também era suscetível de fraudes de várias formas, por exemplo: o escrutinador (mesário de apuração) poderia preencher alguns votos em branco em favor de um candidato ou poderia também preencher errado o boletim de urna ou as planilhas de totalização. Tudo isso exigia dos partidos e da própria Justiça Eleitoral, um amplo trabalho de fiscalização.

Os partidos e coligações poderão fiscalizar todas as fases do processo de votação e apuração das eleições, inclusive o preenchimento dos boletins de urna e o processamento eletrônico da totalização dos resultados, sendo-lhes garantido o conhecimento antecipado dos programas de computador a serem usados (art. 66 da Lei nº 9.504/97).

O trabalho de fiscalização não pode ser exercido individualmente, de maneira isolada, pelo candidato, mas pelo partido ou coligação a que ele pertença. Por isso é importante que o candidato cobre, desde o início da campanha eleitoral, que o partido ou coligação prepare esse trabalho. Ele deverá ser coordenado pelo partido ou coligação; todavia, para atingir os seus objetivos, deverá contar com o apoio de todos os candidatos a vereador.

Essa cobrança com antecedência é fundamental, pois muitos partidos não preparam bem os seus fiscais (alguns nem fiscais cadastram); se esse trabalho for feito desde o início da campanha, haverá mais tempo hábil para essa preparação.

Para aprofundar sobre o assunto é bom consultar a Lei nº 9504/97 nos artigos 63 a 72 (mesas receptoras e fiscalização das eleições), bem como a Lei nº 4.737/65 (Código Eleitoral) nos seus artigos 36 a 41 (Juntas Eleitorais); 114 a 156 (processo de Votação) e 158 a 233 (processo de apuração). Também é bom lembrar que vale a pena consultar as resoluções do TSE, pois elas regulamentam as leis e ajudam no esclarecimento de dúvidas quanto à aplicabilidade das mesmas.

Como, por regra geral, o voto será efetuado por urna eletrônica, torna-se também relevante consultar os artigos 59 a 62 da Lei nº 9.504/97 (do sistema eletrônico de votação e da totalização dos votos). É importante lembrar que algumas regras estabelecidas anteriormente pelo Código Eleitoral acabam sendo inaplicáveis quando é feita a votação pelas urnas eletrônicas.

14.1 A nomeação das pessoas que trabalharão no processo eleitoral

Para os mais diversos serviços, a Justiça Eleitoral requisita centenas e até milhares de pessoas (dependendo do tamanho do Município) para trabalharem no processo eleitoral, seja na votação, na apuração, seja em outros serviços auxiliares. Acompanhar esse processo de nomeação é importante, pois o candidato deve garantir que as pessoas nomeadas tenham independência necessária para agir com neutralidade durante os trabalhos.

Perante a Justiça Eleitoral, um município é dividido em zonas eleitorais, cada uma chefiada por um Juiz Eleitoral com o auxílio de um Escrivão. Cada Zona Eleitoral terá um Cartório Eleitoral, que é o responsável pelo controle burocrático do processo eleitoral. Em municípios pequenos há apenas uma Zona Eleitoral. Cada Zona Eleitoral é dividida em seções, onde o eleitor registrará o seu voto.

No processo de *votação* as seções eleitorais são as responsáveis pela recepção dos votos. Cada Seção Eleitoral terá uma mesa nomeada pelo Juiz Eleitoral, no mínimo 60 dias antes do pleito, e composta por seis pessoas (Presidente, 1º Mesário, 2º Mesário, 1º Secretário, 2º Secretário e Suplente). Da nomeação da mesa receptora poderá qualquer partido reclamar, ao Juiz Eleitoral, no prazo de cinco dias. Registre-se que *não* poderão ser nomeados para a mesa receptora: (art. 120 do Código Eleitoral)

    I - os candidatos e seus parentes ainda que por afinidade, até o segundo grau, inclusive, e bem assim o cônjuge;

    II - os membros de diretórios de partidos, desde que exerçam função executiva;

    III - as autoridades e agentes policiais, bem como os funcionários no desempenho de cargos de confiança do Executivo;

    IV - os que pertencerem ao serviço eleitoral;

    V - os menores de dezoito anos.

No processo de *apuração*, cada Zona Eleitoral será dividida em *juntas*. Cada Junta será composta por um juiz de direito, que será o presidente, e de 2 (dois) ou 4 (quatro) cidadãos de notória idoneidade, nomeados pelo Presidente do Tribunal Regional Eleitoral 60 (sessenta) dias antes da eleição. A Junta poderá se dividir em turmas (cada turma contará com um dos membros da Junta). Para auxiliar os trabalhos da Junta, é facultado ao seu presidente nomear, dentre os cidadãos de notória idoneidade, escrutinadores e auxiliares em número capaz de atender à boa marcha dos trabalhos. É claro que num processo de votação pela urna eletrônica o trabalho da Junta Apuradora é bem menor do que no sistema tradicional, sendo também necessário menos pessoas.

Não podem ser nomeados membros das juntas, escrutinadores ou auxiliares aqueles que também estiverem impedidos de nomeação para mesa receptora de votos. A única diferença é que, para o processo de apuração, os membros de diretório partidário, mesmo que não exerçam função executiva, não poderão ser convocados.

Além disso, é vedada a participação, na mesma Mesa, Turma ou Junta Eleitoral, de parentes, em qualquer grau, ou de servidores de uma mesma repartição pública ou empresa privada. Essa norma visa a evitar que as pessoas que trabalhem na eleição, seja na votação ou na apuração, tenham uma relação de afinidade muito grande, o que poderia gerar uma relação de cumplicidade, podendo haver tentativa de beneficiar algum candidato ou prejudicar outro.

Essa disciplina sobre a forma de apuração, prevista no Código Eleitoral, foi muito alterada na prática com o advento da urna eletrônica, pois o processo de apuração é praticamente instantâneo, devendo a fiscalização recair mais sobre o transporte das urnas e sobre os programas de captação e totalização de votos.

É importante que os dirigentes do partido ou da coligação fiquem atentos para conferir se as nomeações da Justiça Eleitoral preencherão esses requisitos. Caso isso não se consume devem recorrer dentro dos prazos previstos na Lei nº 9504/1997, bem como no Código Eleitoral.

14.2 A urna eletrônica

Introduzido no Brasil, nos municípios maiores, a partir das eleições de 1996, o uso da urna eletrônica foi ampliado nas eleições de 1998 e a partir das eleições do ano 2000 passou a ser utilizada em todo o país. Essa ferramenta representou um grande avanço para o processo eleitoral; ao mesmo tempo em que agiliza a divulgação dos resultados eleitorais, propicia uma maior segurança, porque reduz as chances de fraude eleitoral, prática até então muito presente no nosso sistema político.

A urna eletrônica é, na prática, um microcomputador especial, cuja fabricação é encomendada pela Justiça Eleitoral. O sistema eletrônico de votação e de totalização de votos está disciplinado nos arts. 59 a 62 da Lei nº 9.504/97.

A urna eletrônica exibirá para o eleitor, primeiramente, o painel referente à eleição para vereador (eleição proporcional). Quando o eleitor digitar o número do seu candidato, aparecerão na tela os dados identificadores do referido candidato, inclusive a sua foto. O eleitor poderá confirmar o voto ou corrigi-lo, apertando a tecla específica para cada caso. Após a confirmação do voto para vereador, aparecerá o painel referente à eleição para prefeito (eleição majoritária); o eleitor deverá seguir os mesmos procedimentos usados na votação para vereador.

Vale ressaltar que com o uso das urnas eletrônicas somente é permitido que votem, em determinada seção eleitoral, os eleitores cujos nomes estiverem nas respectivas folhas de votação.

Com o passar dos anos, a Justiça Eleitoral vem adotando uma série de medidas que visam à inclusão de eleitores, seja com ações voltadas a pessoas com mobilidade reduzida, ou também daqueles com deficiência visual.

Além de utilizar o sistema braile a identificação da tecla número cinco nos teclados, que permite a localização das demais teclas, as urnas eletrônicas contam com softwares que possibilitam a utilização de fones de ouvido nas seções eleitorais especiais, fornecidos pelos tribunais eleitorais, para que o eleitor com deficiência visual possa ouvir, em sigilo, a indicação do número do candidato escolhido por ele.[97]

Além disso, a Justiça Eleitoral tem investido na modernização das urnas eletrônicas, com a inserção do sistema de leitura biométrica da impressão digital para autenticação do eleitor, ou através do chamado Teste Público de Segurança (TPS), evento obrigatório desde 2006, onde especialistas em Tecnologia e Segurança da Informação de diversas organizações, instituições acadêmicas e órgãos públicos são reunidos no ano anterior às eleições para testar o sistema de segurança da urna eletrônica, tentando "corromper a urna e seus componentes internos e externos, com o objetivo de descobrir vulnerabilidades do sistema com relação à possibilidade de violação de resultados e quebra do sigilo do voto".[98]

Nos últimos quatro anos, houve muitos ataques indevidos às urnas eletrônicas tentando desqualificá-las. Alguns políticos, que inclusive foram eleitos por diversas vezes com o uso de urnas eletrônicas, endossaram os ataques a elas. Entretanto, desde a introdução da urna eletrônica no Brasil, as eleições que foram realizadas com o seu uso elegeram políticos de direita, de centro e de esquerda, não havendo nenhuma reclamação fundamentada de fraude.

Já na época da votação por cédula de papel, as reclamações e suspeitas de fraudes eram muitas e exigiam uma fiscalização muito mais atenta por parte dos partidos políticos durante o processo de apuração, que era muito lento.

14.3 Fiscalizando a votação e a apuração

Cada partido ou coligação poderá nomear 2 (dois) delegados por Zona Eleitoral existente no município, que representarão oficialmente um ou outro (art. 131 do Código Eleitoral). Também poderá nomear 2 (dois) fiscais para atuar em cada Seção Eleitoral, operando um de

---

[97] BRASIL. Tribunal Superior Eleitoral. *Urna eletrônica*: 20 anos a favor da democracia. – Brasília: Tribunal Superior Eleitoral, 2016. p. 37.
[98] BRASIL. Tribunal Superior Eleitoral. *Urna eletrônica*: 20 anos a favor da democracia. – Brasília: Tribunal Superior Eleitoral, 2016. p. 28.

cada vez. O fiscal também poderá ser nomeado para fiscalizar mais de uma Seção Eleitoral, no mesmo local de votação, ainda que seja eleitor de outra Zona Eleitoral.

Assim como os fiscais, os delegados dos partidos e os candidatos também poderão fiscalizar a votação, formular protestos e fazer impugnações, inclusive sobre a identidade do eleitor (art. 132, Código Eleitoral).

A escolha de fiscais e delegados é feita pelos partidos ou coligações e não poderá recair sobre menor de dezoito anos ou em quem, por nomeação do Juiz Eleitoral, já faça parte de Mesa Receptora. Além disso, não é necessário que o fiscal seja filiado ao partido político que o credenciou.

No dia da votação, o fiscal deverá dirigir-se à Seção Eleitoral em que atuará munido de sua credencial e apresentá-la ao presidente da Seção. Após esse procedimento, poderá permanecer no local durante todo o processo de votação. A credencial será expedida exclusivamente pelo partido ou coligação sem a necessidade de visto do Juiz Eleitoral; é preciso somente que o representante do partido ou da coligação registre na Justiça Eleitoral o nome das pessoas autorizadas a expedir as credenciais dos fiscais e delegados, tudo nos termos do art. 65 da Lei nº 9.504/1997.

A votação inicia-se às *8h*, mas é importante o fiscal chegar às 7h para acompanhar os procedimentos iniciais, principalmente a abertura dos trabalhos. Qualquer anormalidade deverá ser comunicada ao presidente da Seção. No entanto, se o problema não for sanado, o delegado do partido deverá ser comunicado imediatamente para que sejam tomadas as providências devidas.

Pontos importantes a observar no processo de votação

- Antes de iniciar a votação, deverá ser emitida, a partir da urna eletrônica, a *zerésima*, que é uma listagem com número de votos igual a zero para todos os candidatos, para provar que não há nenhum voto já computado na urna;
- Os mesários e fiscais de partido não poderão fazer propaganda dentro da seção eleitoral;
- Deve ser garantido o sigilo do voto;
- Não pode haver propaganda eleitoral afixada no recinto;

- A seção eleitoral deverá ter uma lista com o nome e o número de todos os candidatos (nesse caso, é importante que o partido confira essa lista com antecedência para verificar se não há nenhum erro de nome ou número de candidato ou a omissão de ambos);
- O fiscal poderá impugnar a identidade do eleitor caso paire alguma dúvida. A impugnação poderá ser feita verbalmente ou por escrito. A impugnação no momento da votação é importante, pois, do contrário, não caberá nenhuma espécie de recurso posterior. Nas zonas eleitorais com identificação biométrica do eleitor, há um nível de segurança maior de que é realmente o eleitor que está votando.

E após o encerramento do processo de votação?

Após o encerramento da votação, que acontece às 17h, o fiscal deverá acompanhar atentamente todos os procedimentos que serão realizados, como é o caso da lavratura da ata. Com a votação eletrônica, o resultado de cada seção eleitoral pode sair imediatamente após o encerramento da votação. Será emitido um Boletim de Urna, com modelo aprovado pelo Tribunal Superior Eleitoral, contendo os nomes e os números dos candidatos nela votados.

O presidente da Mesa Receptora é obrigado a entregar cópia do boletim de urna aos partidos e coligações concorrentes ao pleito, desde que os seus representantes o requeiram até uma hora após a expedição.

Concluídas essas formalidades, caberá ao presidente da seção encaminhar a urna eletrônica e suas respectivas mídias para a Junta Eleitoral previamente determinada. O fiscal tem o direito (e é importante exercê-lo) de acompanhar a urna, até no mesmo veículo que o presidente da Seção Eleitoral. Essa é uma forma de garantir a lisura do processo.

Após a entrega da urna na Junta Eleitoral, caberá aos fiscais do partido, principalmente os que têm conhecimento em informática, acompanhar o processo de totalização dos votos.

Os partidos concorrentes ao pleito poderão constituir sistema próprio de fiscalização, apuração e totalização dos resultados, contratando, inclusive, empresas de auditoria de sistemas, que, credenciadas na Justiça Eleitoral, receberão previamente os programas de computador e, simultaneamente, os mesmos dados alimentadores do sistema oficial de apuração e totalização (§§2º e 7º do art. 66 da Lei nº 9.504/97).

Qualquer irregularidade deverá ser comunicada à Junta Eleitoral. Caso seja verificada uma série de irregularidades graves no processo eleitoral, poderá ser pedida a recontagem total ou parcial dos votos, e até mesmo a anulação de algumas urnas ou mesmo das eleições como um todo. Entretanto, em matéria de direito eleitoral, *os prazos são curtíssimos*. Por isso é fundamental uma fiscalização eficiente para que se tenham condições de fazer as devidas reclamações, protestos, impugnações e recursos o mais rápido possível.

Os artigos 219 a 224 da Lei nº 4.737/65 descrevem os casos de nulidades no processo eleitoral e os artigos 257 a 282 da mesma lei disciplinam os recursos em matéria eleitoral. É importante também consultar os artigos 90 a 105 da Lei nº 9.504/97.

14.4 Cálculo do quociente eleitoral

A maioria das pessoas pensa que, no caso das eleições para vereador, para conhecer o nome dos eleitos, basta verificar pura e simplesmente os mais votados até o preenchimento de todas as vagas. Entretanto, de acordo com os artigos 106 a 113 da Lei nº 4.737/65, será obedecida a proporcionalidade obtida pelos partidos ou federações e não simplesmente as votações individuais, embora existam regras de votação nominal mínima.

O quociente eleitoral é calculado somando-se todos os votos válidos, excetos brancos e nulos, e dividindo-se pelo número de vagas na Câmara Municipal, desprezada a fração se igual ou inferior a meio, equivalente a um, se superior.

Para calcular quantas cadeiras determinado partido ou federação terá direito somam-se os votos de todos os seus candidatos mais os votos dados somente na legenda e dividem-se pelo quociente eleitoral, desprezada a fração, sendo o número resultante dessa divisão conhecido como quociente partidário. Dessa forma, define-se então quantas vagas cada partido terá direito, sendo eleito os candidatos mais votados dentro do número de vagas. Mas o candidato para ser considerado eleito terá também que ter recebido em votos no mínimo de 10% do quociente eleitoral, mas esta exigência não é feita para os candidatos figurarem como suplentes.

Caso nem todos os lugares tenham sido preenchidos com a aplicação dos quocientes partidários e em razão da exigência de votação nominal mínima de 10% do quociente eleitoral, as vagas remanescentes serão redistribuídas entre os partidos ou federações que cumpram a exigência do art. 109, §2º da Lei 4.737/1965, transcrito a seguir:

> §2º Poderão concorrer à distribuição dos lugares todos os partidos que participaram do pleito, desde que tenham obtido pelo menos 80% (oitenta por cento) do quociente eleitoral, e os candidatos que tenham obtido votos em número igual ou superior a 20% (vinte por cento) desse quociente.

Respeitado o dispositivo supracitado, a distribuição das vagas remanescentes, também chamadas de sobras, será feita dentro das seguintes regras:

    I - Dividir-se-á o número de votos válidos atribuídos a cada partido ou coligação pelo número de lugares por ele obtido, mais um, cabendo ao partido que apresentar a maior média um dos lugares a preencher, desde que tenha candidato com a votação nominal mínima exigida;

    II - Repetir-se-á a operação para cada um dos lugares ainda a preencher.

    III - Quando não houver mais partidos com candidatos que atendam às duas exigências do Inciso I, as cadeiras serão distribuídas aos partidos que apresentarem as melhores médias.

Depois de todos esses cálculos efetuados, fica definido o número de vagas a que cada partido ou coligação terá direito. Os candidatos eleitos serão os mais votados de cada partido até o número de vagas que cada um tenha obtido, sendo que os demais candidatos desses partidos serão considerados suplentes. Em caso de empate no número de votos, considerar-se-á eleito o candidato mais idoso (Art. 110 do Código eleitoral). Vale ressaltar que somente poderão ser considerados eleitos os candidatos que tenham obtido a votação nominal mínima, salvo quando sobrem vagas sem candidatos com a referida votação nominal mínima, o que será caso de redistribuição de vagas, conforme já explicado no parágrafo anterior.

Caso nenhum partido ou federação alcance o quociente eleitoral, serão considerados eleitos os candidatos mais votados. É uma situação difícil, mas pode ocorrer e por isso a lei faz essa previsão.

Também vale ressaltar que até as eleições de 2016, o partido (na época também a coligação, pois ainda era permitida a coligação proporcional) que não obtivesse o quociente eleitoral não tinha direito a nenhuma vaga. Depois passou a ser permitida a sua disputa nas "sobras de vagas" e não na primeira divisão. Atualmente o partido, ou federação, que não atinja o referido quociente não tem direito à vaga na primeira divisão, mas disputa o restante das vagas. A exigência de que tivesse no mínimo 80% de votos em relação ao quociente eleitoral foi afastada por decisão do STF nas ADIs nºs 7.228, 7.263 e 7.325, de fevereiro de 2024.

    Ficou um sistema mais justo, pois respeita mais a proporcionalidade. Na sistemática antiga, era muito comum um partido, por exemplo, atingir 99% do quociente eleitoral e não ter direito a nenhum parlamentar e outro partido que atingisse, por exemplo, 101% do quociente, com direito a dois parlamentares.

CAPÍTULO 15

A PRESTAÇÃO DE CONTAS, A DIPLOMAÇÃO E A POSSE

15.1 A prestação de contas

Proclamado o resultado, *mesmo o candidato não tendo sido eleito*, as suas responsabilidades ainda não se encerraram. É necessário prestar contas dos recursos arrecadados e aplicados, de acordo com os artigos 28 a 32 da Lei nº 9.504/97 bem como as resoluções do TSE. Antes mesmo de iniciar a campanha, o candidato deverá estudar bem as referidas normas.

A prestação de contas dos candidatos a vereador será feita pelo próprio candidato, conforme os modelos constantes do Anexo da Lei nº 9.504/97 e demais orientações dadas pela Justiça Eleitoral, e deverá ser encaminhada à Justiça Eleitoral até o trigésimo dia posterior à realização das eleições. Inclusive este dia também é o limite para os candidatos, partidos e coligações que disputaram o primeiro turno retirarem/ removerem a propaganda eleitoral, bem como promover a restauração do bem em que tiver sido afixada, se for o caso.

O TSE (www.tse.gov.br) disponibiliza gratuitamente um software (programa de computador), que é utilizado para elaborar a prestação de contas.

A fim de evitar atropelos de última hora, é importante que os formulários de prestação de contas (ou mesmo o rascunho deles) sejam preenchidos no decorrer da campanha. A movimentação financeira (receita e despesa) de uma campanha deve ser feita de uma forma compatível com a que será efetuada para a prestação de contas após as eleições.

Lembrar que existe a prestação de contas concomitante com a campanha O art. 28 §4º da Lei nº 9.504/1997 determina que candidatos, partidos e coligações ficam obrigados durante a campanha eleitoral a divulgar em sítio específico criado pela Justiça Eleitoral os recursos em dinheiro recebidos para financiamento de sua campanha eleitoral, em até 72 (setenta e duas) horas de seu recebimento. Também deverá no dia 15 de setembro do ano eleitoral, no mesmo sítio, divulgar relatório discriminando as transferências do Fundo Partidário, os recursos em dinheiro e os estimáveis em dinheiro recebidos, bem como os gastos realizados. É a prestação de contas parcial da campanha. Os dados deverão ser enviados ao sistema, na antecedência definida pela Justiça Eleitoral.

Essa divulgação proporciona mais transparência para o eleitorado ter conhecimento sobre quem são os financiadores e como os recursos são gastos, além de obrigar que os candidatos mantenham em dia os lançamentos de sua atividade financeira, facilitando a prestação de contas ao final da campanha.

Deverão ser arquivados todos os documentos usados no decorrer da campanha tais como recibos eleitorais, notas fiscais, extratos bancários e documentos, dentre outros. Esses documentos não precisarão ser anexados em sua totalidade à prestação de contas a ser entregue à Justiça Eleitoral, mas deverão ficar à disposição dela que poderá requisitá-los a qualquer momento para eventuais esclarecimentos. Todos os documentos concernentes às contas dos candidatos deverão ser conservados até cento e oitenta dias após a diplomação ou até a decisão final, caso exista pendência de julgamento de qualquer processo judicial relativo às contas.

O candidato deverá obedecer às demais regras prescritas nos artigos 28 a 29 da Lei nº 9.504/1997, bem como as demais regras do processo eleitoral. Inclusive existe a prestação de contas simplificada para candidatos com movimentação financeira de no máximo vinte mil reais, nos termos do art. 28 §9º da Lei nº 9.504/1997.

É importante registrar que a Justiça Eleitoral, no momento de analisar as prestações de contas, poderá cruzar os dados apresentados pelos candidatos nas prestações de contas com as notas ficais eletrônicas emitidas pelos fornecedores, isso a partir de dados repassados pelas administrações tributárias da União, dos Estados, do Distrito Federal e dos Municípios, dentre outras conferências possíveis, o que favorece a descoberta de erros e fraudes.

O candidato deverá acompanhar todo o processo, desde a preparação da prestação de contas até o julgamento das mesmas pela Justiça Eleitoral, cuja decisão deverá ser publicada em sessão até três dias antes da diplomação, para os esclarecimentos necessários e correção dos erros sanáveis. Caso a prestação de contas de um candidato não seja aprovada ele poderá perder o mandato para o qual havia sido eleito e também sofrer restrições para ser candidato em eleições posteriores, além de ser processado, caso incorra em crime eleitoral.

15.2 A diplomação

Após a proclamação dos resultados e a aprovação das prestações de contas, em data a ser fixada pela Justiça Eleitoral, os eleitos e os seus suplentes serão chamados para um ato público conhecido como diplomação. Nele, os eleitos e suplentes recebem um documento chamado de diploma, no qual deverá constar pelo menos o nome do candidato, a indicação da legenda sob a qual concorreu e o cargo para o qual foi eleito ou a sua classificação como suplente. De posse do diploma, o candidato estará credenciado a exercer o mandato para o qual foi eleito.

A diplomação está regulamentada nos artigos 215 a 218 da Lei nº 4.737/65 (Código Eleitoral), porém o diplomado poderá perder o seu diploma caso seja acatado alguma medida em contrário. Como não há efeito suspensivo, o diplomado poderá exercer o mandato em toda a sua plenitude até ser proferida a decisão final. *Contra a diplomação* há duas alternativas que podem ser utilizadas.

A primeira, com previsão no art. 262 da Lei nº 4.737/65 (Código Eleitoral), trata de recurso contra expedição de diploma cabível somente para os casos de inelegibilidade superveniente ou de natureza constitucional e de falta de condição de elegibilidade, que deverá ser interposto no prazo máximo de 3 (três) dias, a contar da data da sessão de diplomação realizada pela Justiça Eleitoral. Só possuem legitimidade para interpor os partidos políticos, as coligações, os candidatos e o Ministério Público. A outra medida cabível está prevista nos parágrafos 10 e 11 do art. 14 da CF, conhecida como Ação de Impugnação de Mandato Eletivo, podendo ser ajuizada até 15 (quinze) dias contados da diplomação. Será usada nos casos em que se constatarem abuso do poder econômico, corrupção ou fraude; o processo tramitará em segredo de justiça.

15.3 A posse

Após confirmado o resultado da eleição, é importante que, os que saíram vitoriosos, se preparem para a posse que será no dia 1º de janeiro do ano seguinte. Como a eleição acontece no primeiro domingo de outubro e o resultado geralmente sai rápido, haverá um bom tempo para essa preparação. Nesse período, é bom que o candidato participe das comemorações pela sua vitória e da campanha do seu candidato a prefeito, caso no seu município haja segundo turno (realizado no último domingo de outubro).

O local, o rito, o traje obrigatório, o horário e outros detalhes da posse estão previstos na Lei Orgânica do Município e no Regimento Interno da respectiva Câmara Municipal. Geralmente os vereadores são declarados empossados após prestarem um juramento, que pode ser feito de maneira individual ou coletiva. Após a posse dos vereadores, serão empossados, pela Câmara Municipal, o prefeito e o vice-prefeito. O candidato deverá levar pelo menos dois documentos, dentre outros que podem ser solicitados pela Câmara Municipal: o diploma e a declaração de bens.

A posse é realizada numa sessão solene em que não há deliberação de matérias, apenas discursos. Mas na mesma sessão, logo após a posse, os novos vereadores enfrentarão seu primeiro teste político-parlamentar: a eleição da nova Mesa Diretora da respectiva Câmara. Geralmente é um assunto polêmico que começa a ser discutido informalmente pelos vereadores eleitos tão logo seja proclamado o resultado eleitoral.

CAPÍTULO 16

O EXERCÍCIO DO MANDATO

Ganhar uma eleição para vereador já é um grande desafio. Mas exercer um bom mandato e ter o trabalho reconhecido é um desafio ainda maior, pois o eleitorado costuma esperar um grande desempenho daqueles que são eleitos.

Após as festas da vitória, da diplomação e da posse, a *lua-de-mel* acaba e o eleitorado começa a cobrar resultados imediatos, mesmo um dia após a posse. Como não se bastasse, os adversários políticos procuram criar todo o tipo de *dificuldades*. Alguns, inclusive, inventam falsos boatos sobre a vida do candidato (mudou para um bairro nobre, comprou um carro novo, está traindo o parceiro, está sendo traído etc.).

No início do mandato, o vereador vai estar pouco preparado para enfrentar esses e outros inúmeros problemas que certamente aparecerão. Torna-se essencial preparar-se logo, principalmente antes da posse, pois os primeiros passos do mandato são fundamentais para a formação de uma boa imagem.

Neste capítulo estão colocadas algumas orientações básicas, que auxiliarão muito para o início do mandato, quando o vereador deverá procurar conhecer bem determinadas particularidades do desempenho de sua função. Mas é bom que o vereador se aprofunde mais através da leitura de livros, participação em cursos, conversas com vereadores experientes etc.

16.1 As prerrogativas de um vereador

Para que os vereadores exerçam bem as suas atividades parlamentares lhes são conferidas várias prerrogativas (direitos e garantias, sendo algumas a mais do que os cidadãos comuns) para que possam exercer o mandato em plenas condições e com total independência.

Infelizmente, muitos vereadores abusam de suas prerrogativas usando-as em proveito próprio. Entretanto, não é o caso de extingui-las pura e simplesmente, pois muitas delas são importantes para o bom exercício do mandato; o fundamental é fiscalizar se elas estão sendo bem utilizadas.

Algumas das prerrogativas dos vereadores são previstas na própria CF e na Legislação Federal, e são comuns a todos. Já outras podem variar dependendo de cada Câmara Municipal. Abaixo listamos algumas delas:

a) *Inviolabilidade*: A CF, em seu art. 29, Inciso VIII, preceitua o seguinte:

"VIII – inviolabilidade dos vereadores por suas opiniões, palavras e votos no exercício do mandato e na circunscrição do município".

O vereador não tem a imunidade parlamentar (chamada de impunidade por alguns), que é prerrogativa dos deputados e senadores. Portanto, pode ser preso e processado a qualquer momento, sem haver necessidade de licença prévia da respectiva Câmara. Entretanto, ele não pode ser preso, processado, punido, cassado ou prejudicado de qualquer forma, por aquilo que ele opinou, falou ou votou, desde que o assunto tratado esteja relacionado com o exercício do mandato e que tenha ocorrido dentro do município no qual ele o exerce. Porém, se a atitude ofensiva do vereador ferir o decoro parlamentar, ou seja, demonstrar conduta incompatível com o cargo, ele poderá ser julgado pela respectiva Câmara e até ter o seu mandato cassado.

b) *Remuneração*: Os vereadores têm direito a um subsídio, fixado pela respectiva Câmara, em cada mandato para o subsequente, observados os critérios definidos na Lei Orgânica e dentro dos limites estabelecidos pela CF, em seu art. 29, Inciso VI, com redação da Emenda Constitucional nº 25, de 2000. Também poderá receber verbas a título indenizatório, como é o caso das diárias em caso de deslocamento para fora do Município.

Desde a Emenda Constitucional nº 25/2000,[99] foi estabelecido um percentual máximo (em relação ao subsídio dos deputados

---

[99] BRASIL. Constituição (1988). Emenda Constitucional nº 25, de 14 de fevereiro de 2000. Altera o inciso VI do art. 29 e acrescenta o art. 29-A à Constituição Federal, que dispõem sobre limites de despesas com o Poder Legislativo Municipal.

estaduais) para o subsídio dos vereadores de acordo com os habitantes do município, conforme discriminado a seguir: até 10 mil habitantes (20%); entre 10 mil e 50 mil (30%); entre 50 mil e 100 mil (40%); entre 100 mil e 300 mil (50%); entre 300 mil e 500 mil (60%); acima de 500 mil (75%). Existe também limite global de gastos com a Câmara em relação à receita tributária, adicionada a receita de transferências de impostos, do ano anterior, nos termos do art. 29-A da CF.

c) *Prisão especial*: No caso de um vereador ser preso, o Código de Processo Penal, no seu artigo 295, garante a ele o direito à prisão especial, em cela separada dos demais presos, nos mesmos moldes daquela que é assegurada aos portadores de diploma de curso superior. Entretanto, caso haja condenação, a pena será cumprida em penitenciária comum. A prisão especial não pode resultar em privilégio ou melhor tratamento, pois tem apenas o intuito de separar os presos que exerçam funções que podem ser mais visadas e que resultariam em risco de vida caso convivessem diretamente com os outros presos provisórios.

d) *Exercício pleno do mandato*: O vereador tem o direito, além da livre expressão de suas ideias, de apresentar projetos de lei, emendas, moções, requerimentos de informações, indicações etc., tudo na forma do respectivo Regimento Interno.

e) *Assessoria*: É formada por uma ou mais pessoas, que exercem cargos comissionados (de livre nomeação e exoneração), contratadas e pagas pela Câmara, indicadas e subordinadas diretamente aos vereadores. A assessoria tem várias funções: executar os trabalhos burocráticos (despachar correspondência, atender às pessoas, arquivar os projetos etc.) do Gabinete do vereador; assessorar tecnicamente o vereador nas mais diversas áreas: imprensa, jurídica, saúde, educação, política etc. A assessoria não existe em todas as câmaras e o seu tamanho depende da condição orçamentária de cada Município. O número de assessores não deve ser excessivo, para não onerar ainda mais as finanças municipais.

16.2 Proibições e incompatibilidades

Desde a diplomação, existem algumas coisas que o vereador não pode fazer. Para compensar as suas prerrogativas, procurando evitar que ele abuse delas, existem várias proibições e incompatibilidades às quais um vereador está sujeito. A CF, em seu art. 29, Inciso IX, preceitua, para os vereadores, o seguinte:

> IX – proibições e incompatibilidades, no exercício da vereança, similares, no que couber, ao disposto nesta Constituição para os membros do Congresso Nacional e na Constituição do respectivo Estado para os membros da Assembleia Legislativa.

E o artigo 54 da CF prevê que os Deputados e Senadores (extensivo aos vereadores), *não poderão*:

> I – desde a expedição do diploma
>
> a – firmar ou manter contrato com pessoa jurídica de direito público, autarquia, empresa pública, sociedade de economia mista ou empresa concessionário de serviço público, salvo quando o contrato obedecer a cláusulas uniformes;
>
> b – aceitar ou exercer cargo, função ou emprego remunerado, inclusive os de que sejam demissíveis ad nutum, nas entidades constantes da alínea anterior;
>
> II – desde a posse:
>
> a – ser proprietários, controladores ou diretores de empresa que goze de favor decorrente de contrato com pessoa jurídica de direito público, ou nela exercer função remunerada;
>
> b – ocupar cargo ou função de que sejam demissíveis *ad nutum*, nas entidades a que se refere o Inciso I, "a";
>
> c – patrocinar causa em que seja interessada qualquer das entidades a que se refere o inciso I, "a";
>
> d – ser titulares de mais de um cargo ou mandato público eletivo.

Em linhas gerais, um vereador não poderá realizar contratos nem receber favores do serviço público, pois ele é um fiscal do mesmo e deve ter a independência necessária para exercer bem o seu mandato.

O vereador só poderá assumir cargo no serviço público se for admitido por concurso, não podendo assumir cargo comissionado (demissível *ad nutum*), mas poderá licenciar-se do cargo de vereador para exercer cargo de Secretário Municipal ou equivalente, nos termos da respectiva Lei Orgânica.

Deverá também o vereador observar se há alguma limitação em sua atividade profissional. Por exemplo: caso seja advogado, poderá continuar exercendo a sua profissão, mas não poderá advogar contra o poder público nos termos do art. 30, II da Lei nº 8.906/1994. Entretanto, caso passe a ocupar cargo na mesa diretora, ficará temporariamente incompatível com a advocacia, nos termos do ar. 28, I da Lei nº 8.906/1994.

Sendo o vereador também servidor público, poderá exercer as duas funções desde que haja compatibilidade de horários, nos termos do art. 38, III da CF, recebendo a remuneração das duas desde que a soma delas não ultrapasse o teto estabelecido pela CF. Não havendo compatibilidade de horários, será afastado do cargo, emprego ou função, sendo facultado optar pela sua remuneração, podendo escolher a maior.

No tocante à questão previdenciária caso o vereador não seja vinculado a um Regime Próprio de Previdência Social (RPPS), ele será vinculado ao Regime Geral de Previdência Social (RGPS), que é o regime administrado pelo Instituto Nacional do Seguro Social (INSS).

Vale a pena ressaltar que como houve uma reforma da previdência recente, veiculada pela Emenda Constitucional 103/2019, e que muitas coisas ainda estão sendo regulamentadas, é importante que o vereador eleito acompanhe este processo, tanto para saber do enquadramento de sua situação pessoal quanto para conhecer como ficará a realidade da previdência local, sendo que inclusive ele poderá votar leis previdenciárias caso o município tenha RPPS.

Para um melhor aprofundamento sobre as incompatibilidades e proibições dos parlamentares é necessária uma leitura da CF, da Constituição do seu respectivo Estado e da Lei Orgânica do respectivo Município. Esta última poderá estabelecer, dentre outras coisas, que o vereador não pode fixar residência fora do Município.

16.3 A eleição da Mesa Diretora

Logo após a posse, de acordo com os termos do Regimento Interno da respectiva Câmara Municipal, é realizada a eleição da Mesa Diretora, que se trata de um grupo de vereadores que dirige os trabalhos da Câmara a cada dois anos de mandato (a Lei Orgânica pode estipular prazo diferente). O principal cargo da mesa, e o mais disputado, é o de presidente, existindo também outros cargos, como é o caso do vice-presidente e do secretário, que também são importantes, embora detendo um poder de influência bem menor. O vice-presidente substitui o presidente em suas ausências e o secretário atua nas sessões lendo e controlando o expediente. A composição da mesa varia de acordo com o Regimento Interno de cada Câmara: algumas têm dois vice-presidentes, dois ou mais secretários e assim por diante.

Entretanto, um bom vereador não deverá esperar a posse para se preocupar com a eleição da Mesa Diretora, pois as articulações para a sua votação começam bem antes, geralmente logo após o encerramento das apurações.

Participar da Mesa, principalmente no cargo de presidente, representa uma boa oportunidade para um vereador implementar as suas propostas, em especial aquelas que dizem respeito à democratização do Poder Legislativo. Além disso, um membro da mesa tem mais controle sobre os projetos de leis a serem votados e tem facilitada a função de fiscalizar o Poder Executivo (prefeito).

Para conseguir ser eleito para a Mesa Diretora, o vereador tem que articular um grupo que consiga formar a maioria. Isso vale para as câmaras em que a eleição para a Mesa Diretora é feita por chapa completa, mas também se aplica de certo modo às câmaras nas quais a eleição é feita cargo a cargo. Exemplo: um grupo com 11 (onze) ou mais vereadores é maioria numa Câmara com 21 (vinte e um) vereadores.

A formação desse grupo é muito complicada e exige muitas conversas e reuniões, sendo que muitos vereadores mudam de opinião a todo momento, o que causa incertezas. Algumas vezes, podem ocorrer negociatas e disso um vereador sério não deve participar. Entrar na Mesa Diretora tem importância, mas não a qualquer custo. O relevante é agrupar os vereadores que nutram o desejo de trabalhar com honestidade, com respeito aos direitos das pessoas e às instituições democráticas, abrindo a Câmara à participação popular e lutando por uma transformação social no país que garanta condições de vida para todos.

O primeiro passo de um vereador eleito que queira fazer um bom trabalho é conversar com os vereadores dos partidos mais alinhados com a suas ideias e também aqueles com os quais haja alguma afinidade, mesmo sendo de partidos adversários. A partir dessas conversas deve-se formar um grupo sólido, com propostas igualmente concretas para o Legislativo, e que deve permanecer unido durante todo o processo de articulação para a eleição da Mesa Diretora. Devem-se envolver também as comissões executivas municipais dos partidos políticos com representação na Câmara; isso possibilita a formação de um acordo melhor e mais transparente.

Caso esse grupo que foi formado não represente a maioria absoluta da Câmara (mais da metade do número total de vereadores), o mesmo deverá procurar outros vereadores, buscando mais apoio para a formação da maioria. Geralmente esses vereadores que ajudarão a completar a maioria não virão por causa das propostas progressistas do grupo, mas em busca de espaço político (cargos na Mesa ou nas Comissões). Essa ocupação de espaços na Câmara, desde que feita com transparência e moralidade pública, não representa nenhuma forma de fisiologismo, pois às bancadas e aos vereadores devem ser garantidos os espaços políticos existentes, na medida do possível.

Mesmo que a maioria da Câmara pareça muito difícil de ser atingida, é fundamental que o grupo, que foi formado a partir de ideias consistentes em favor de um mandato afinado com os anseios populares, permaneça unido até o final. Caso ocorra algum impasse e nenhum grupo conseguir formar uma maioria sólida o grupo poderá ser o "fiel da balança" e até ganhar a Presidência da Câmara, fazendo acordo com um dos grupos rivais que disputam o cargo. Vale a pena ressaltar que essas articulações devem ser feitas com muita cautela e dentro dos *limites éticos*.

Caso o grupo (ou bloco) de vereadores não consiga participar de nenhum grupo com chances de ser maioria, ele poderá tomar três decisões: disputar a eleição com uma chapa para *marcar posição*, votar em branco ou votar numa chapa *menos ruim* (mesmo sem estar compondo-a) para evitar a vitória de um grupo considerado pior.

16.4 A eleição das comissões permanentes

Após a eleição da Mesa Diretora, ocorrerá a eleição das comissões permanentes da Câmara, que poderá ser efetuada na mesma sessão em que for eleita a Mesa Diretora ou na sessão subsequente, de acordo com o estabelecido pelo Regimento Interno.

As comissões permanentes são formadas por um grupo de vereadores, com mandato de 2 (dois) anos (a Lei Orgânica poderá estipular prazo diferente); são responsáveis pela emissão de *parecer* (opinião) sobre os projetos em tramitação na Câmara e por outras funções que o Regimento Interno definir. Cada comissão é presidida por um vereador eleito entre os seus membros e deve reunir-se periodicamente para cumprir as suas finalidades.

Em geral, as comissões permanentes são as seguintes: Justiça, Finanças, Educação, Saúde, Obras, Administração Pública, Defesa do Consumidor, Direitos Humanos, dentre outras. É garantida a participação proporcional, tanto quanto possível, das bancadas partidárias nas comissões permanentes. Mas isso nem sempre ocorre, pois as bancadas majoritárias costumam preencher todas as vagas, não respeitando o direito da minoria. Caso isso aconteça, deverão ser reunidos os documentos necessários, dentre os quais a ata da sessão, para que seja feita uma ação judicial que garanta o direito de todos os partidos estarem representados nas comissões.

As duas comissões mais importantes para o desempenho do trabalho na Câmara são *Justiça* e *Finanças*. A Comissão de Justiça emite parecer sobre todos os projetos e analisa se os mesmos ferem ou não a CF e outras leis maiores. A Comissão de Finanças tem um papel de destaque na fiscalização financeira do Poder Executivo (prefeito), pois é ela que emite, por exemplo, parecer sobre os balancetes da Prefeitura, a proposta orçamentária, dentre outras atribuições.

As demais comissões, principalmente as de Educação, Saúde, Defesa de Consumidor e Direitos Humanos, não têm um poder muito grande sobre os projetos em tramitação na Câmara. Entretanto, por tratarem de questões de cunho social, o vereador membro dessas comissões poderá articular fatos políticos (denúncias sobre a realidade, audiências públicas etc.) com o objetivo de envolver a sociedade civil nos trabalhos das referidas comissões.

16.5 A escolha da assessoria

Os vereadores das cidades maiores têm direito a indicar um determinado número de assessores, que serão remunerados pela Câmara Municipal. Esses assessores ocupam cargos comissionados (podem ser nomeados ou exonerados a qualquer momento) e são submetidos às normas do Estatuto dos Servidores Municipais.

O primeiro passo a ser dado é procurar informar-se, na Câmara Municipal ou a algum vereador que já exerça o mandato, quantos e quais são os cargos que poderão ser preenchidos, além da remuneração de cada um. Vale a pena ressaltar que essas informações são públicas e devem estar disponibilizadas no portal de transparência do respectivo órgão legislativo.

Alguns vereadores usam esses cargos para nomear parentes (o que é vedado expressamente) e cabos eleitorais que, na maioria das vezes, não entendem nada de Câmara Municipal. A única coisa que fazem é receber o salário no final do mês, o que é uma imoralidade, sendo que alguns sequer comparecem ao trabalho, o que pode fazer o vereador responder por improbidade administrativa, sem prejuízo de sanções de caráter penal e também de cassação pela própria Câmara Municipal por fata de decoro, nos termos da Lei Orgânica Municipal e do Regimento Interno.

O correto é que os assessores sejam pessoas qualificadas para auxiliar o vereador em suas tarefas parlamentares, dentro e fora da Câmara Municipal. Assim sendo, a sua escolha deve ser muito bem pensada e operacionalizada.

Um grande problema que o vereador eleito enfrenta, logo após anunciada a sua eleição, é a disputa desenfreada entre os seus cabos eleitorais (apoiadores), para serem assessores. E o pior, geralmente aqueles que praticamente não participaram da campanha (ou até votaram em outro candidato) são os que mais insistem em garantir uma vaga de assessor. Há também o caso daqueles que participaram efetivamente da campanha e até mereceriam ser contemplados com uma vaga de assessor, mas não possuem uma habilidade específica que possibilite a sua nomeação para o cargo.

A escolha da assessoria, nos municípios em que ela exista, por melhor que seja feita, é um dos primeiros desgastes que o vereador eleito sofre, pois ele terá a difícil tarefa de escolher 1, 2 ou 3 assessores e deixar de fora 10, 20, 30 ou mais pretendentes.

Quanto mais qualificadas (seja no aspecto político, técnico ou em ambos) forem as pessoas escolhidas, elas serão mais bem aceitas pela base eleitoral. Se a escolha for motivada por critérios menores (apadrinhamento, parentesco, proteção, beleza, por exemplo) que não valorizem a eficiência, ela será menos aceita e, muitas vezes, criticada.

Alguns vereadores têm optado por realizar processo seletivo amplo para escolha de parte ou da totalidade de sua assessoria, o que é uma boa medida, mas que não é obrigatória.

Quais são os assessores de que um vereador precisa?

Além de assessores para os serviços de gabinete (atendimento, correspondência, agenda, arquivo etc.) e de assessores políticos (articuladores das ações do mandato), o mandato precisa da assessoria de um *advogado* (para dar orientação sobre a parte jurídica e impetrar ações judiciais), de um *jornalista* (para fazer os contatos com a imprensa e preparar os materiais de divulgação do mandato), de um conhecedor das *finanças públicas* (pode ser um contador, administrador ou economista, com a função de analisar, dentre outras coisas, a execução do orçamento municipal) e outros profissionais (engenheiros, médicos, biólogos, assistentes sociais, especialistas em tecnologia da informação etc.) de acordo com as áreas em que o mandato irá atuar, de maneira eventual ou permanente.

Como não há vagas para nomear todos os profissionais necessários, cabe ao vereador definir, em conjunto com os apoiadores do mandato e com a direção do partido ao qual esteja filiado, quais são as prioridades de atuação do mandato, para depois definir quais são os profissionais que irão compor a sua assessoria.

Uma solução é os vereadores de uma mesma bancada partidária contratar alguns técnicos para assessorá-los conjuntamente. Assim sendo, cada vereador não precisaria ter um advogado, um jornalista ou um economista para assessorá-lo, pois a bancada teria esses profissionais. Por exemplo: numa bancada com três vereadores, um contrataria um advogado, outro, um jornalista e outro, um economista, sendo que esses técnicos assessorariam os três vereadores, ou seja, a bancada.

E nos municípios onde não há assessoria?

Na maioria das câmaras municipais, principalmente nos municípios pequenos e com poucos recursos financeiros, não há assessoria disponível para os vereadores, que acabam exercendo o mandato com muitas dificuldades. Para suprir, pelo menos em parte, essa falta de assessoria, sugerimos três alternativas que o vereador pode utilizar:

a) procurar apoio de técnicos que tenham afinidade política com o vereador ou com o partido para assessorar voluntariamente o mandato, mesmo que de maneira eventual (dando orientações sobre um projeto ou outro);

b) solicitar apoio aos diretórios municipal e regional do partido político ao qual esteja filiado. Assim como o vereador tem o compromisso da fidelidade partidária, o partido político também deve ter o compromisso de assessorar, dentro de suas limitações, o trabalho de seus vereadores.

c) solicitar apoio a deputados com quem o vereador tenha ligação e/ou a vereadores de municípios que tenham assessoria, principalmente os da capital do respectivo Estado.

16.6 O mandato

O mandato não é somente do vereador, ele é também do partido ao qual ele pertença (ninguém se elege sem estar num partido político e sem os votos da legenda que formam o quociente eleitoral) e, principalmente, do povo que o elegeu. Por isso, ele deve exercê-lo com honestidade, compromisso social e democracia, sempre discutindo com a comunidade a sua atuação.

Para o exercício de um bom mandato, o vereador deve conhecer, pelo menos, a Lei Orgânica do Município, o Regimento Interno da Câmara Municipal e os principais aspectos da realidade municipal (estrutura da Prefeitura, movimentos sociais, economia do município, dentre outros). Assim conseguirá transformar em projetos viáveis aquelas propostas que apresentou durante a campanha eleitoral. Além disso, deve estar presente nos principais acontecimentos do município e *nunca se afastar dos locais que frequentava antes de ser eleito*.

REFERÊNCIAS

ADEODATO, João Maurício. *Ética e retórica*: para uma teoria da dogmática jurídica. São Paulo: Saraiva, 2002.

ASSUMPÇÃO, Regina Céli. Veja o quadro sobre as vereadoras eleitas. *Agência Câmara dos Deputados*. Brasília. 20 de outubro de 2004. Disponível em: https://www.camara.leg. br/noticias/55294-veja-o-quadro-sobre-as-vereadoras-eleitas/. Acesso em: 14 out. 2019.

BRASIL. [Constituição (1988)]. *Constituição da República Federativa do Brasil de 1988*. Brasília, DF: Presidência da República, [2019].

BRASIL. Constituição (1988). *Emenda Constitucional nº 25, de 14 de fevereiro de 2000*. Altera o inciso VI do art. 29 e acrescenta o art. 29-A à Constituição Federal, que dispõem sobre limites de despesas com o Poder Legislativo Municipal.

BRASIL. Constituição (1988). *Emenda Constitucional nº 58, de 23 de setembro de 2009*. Altera a redação do inciso IV do *caput* do art. 29 e do art. 29-A da Constituição Federal, tratando das disposições relativas à recomposição das Câmaras Municipais.

BRASIL. Lei Complementar nº 101, de 4 de maio de 2000. Estabelece normas de finanças públicas voltadas para a responsabilidade na gestão fiscal e dá outras providências.

BRASIL. Lei Complementar nº 135, de 4 de junho de 2010. Altera a Lei Complementar nº 64, de 18 de maio de 1990, que estabelece, de acordo com o §9º do art. 14 da Constituição Federal, casos de inelegibilidade, prazos de cessação e determina outras providências, para incluir hipóteses de inelegibilidade que visam a proteger a probidade administrativa e a moralidade no exercício do mandato.

BRASIL. Lei Complementar nº 64, de 18 de maio de 1990. Estabelece, de acordo com o art. 14, §9º da Constituição Federal, casos de inelegibilidade, prazos de cessação, e determina outras providências.

BRASIL. Lei nº 10.046, de 10 de janeiro de 2002. Institui o Código Civil.

BRASIL. Lei nº 12.527, de 18 de novembro de 2011. Regula o acesso a informações previsto no inciso XXXIII do art. 5º, no inciso II do §3º do art. 37 e no §2º do art. 216 da Constituição Federal; altera a Lei nº 8.112, de 11 de dezembro de 1990; revoga a Lei nº 11.111, de 5 de maio de 2005, e dispositivos da Lei nº 8.159, de 8 de janeiro de 1991; e dá outras providências.

BRASIL. Lei nº 12.891, de 11 de dezembro de 2013. Altera as Leis nºs 4.737, de 15 de julho de 1965, 9.096, de 19 de setembro de 1995, e 9.504, de 30 de setembro de 1997, para diminuir o custo das campanhas eleitorais, e revoga dispositivos das Leis nºs 4.737, de 15 de julho de 1965, e 9.504, de 30 de setembro de 1997.

BRASIL. Lei nº 13.488, de 6 de outubro de 2017. Altera as Leis n º 9.504, de 30 de setembro de 1997 (Lei das Eleições), 9.096, de 19 de setembro de 1995, e 4.737, de 15 de julho de 1965 (Código Eleitoral), e revoga dispositivos da Lei nº 13.165, de 29 de setembro de 2015 (Minirreforma Eleitoral de 2015), com o fim de promover reforma no ordenamento político-eleitoral.

BRASIL. Lei nº 13.877, de 27 de setembro de 2019. Altera as Leis nºs 9.096, de 19 de setembro de 1995, 9.504, de 30 de setembro de 1997, 4.737, de 15 de julho de 1965 (Código Eleitoral), 13.831, de 17 de maio de 2019, e a Consolidação das Leis do Trabalho, aprovada pelo Decreto-Lei nº 5.452, de 1º de maio de 1943, para dispor sobre regras aplicadas às eleições; revoga dispositivo da Lei nº 13.488, de 6 de outubro de 2017; e dá outras providências.

BRASIL. Lei nº 13.878, de 3 de outubro de 2019. Altera a Lei nº 9.504, de 30 de setembro de 1997, a fim de estabelecer os limites de gastos de campanha para as eleições municipais.

BRASIL. Lei nº 4.320, de 17 de março de 1964. Estatui Normas Gerais de Direito Financeiro para elaboração e controle dos orçamentos e balanços da União, dos Estados, dos Municípios e do Distrito Federal.

BRASIL. Lei nº 4.737, de 15 de julho de 1965. Institui o Código Eleitoral.

BRASIL. Lei nº 9.096, de 19 de setembro de 1995. Dispõe sobre partidos políticos, regulamenta os arts. 17 e 14, §3º, inciso V, da Constituição Federal.

BRASIL. Lei nº 9.504, de 30 de setembro de 1997. Estabelece normas para as eleições.

BRASIL. Lei. Nº 8.906, de 4 de julho de 1994. Dispõe sobre o Estatuto da Advocacia e a Ordem dos Advogados do Brasil (OAB).

BRASIL. Supremo Trabalho Federal. *Ação Direta De Inconstitucionalidade (Med. Liminar)* – 5617. Relator: Ministro Edson Fachin. Brasília/DF, 13 de março de 2018. Disponível em: http://www.stf.jus.br/portal/peticaoInicial/verPeticaoInicial.asp?base=ADIN&s1=5617&processo=5617. Acesso em: 10 out. 2019.

BRASIL. Tribunal Superior Eleitoral. *Urna eletrônica*: 20 anos a favor da democracia. – Brasília : Tribunal Superior Eleitoral, 2016.

BRAVO, Renata. *Feminicídio*: tipificação, poder e discurso. Rio de Janeiro: Lumen Juris, 2019.

CRESCE número de mulheres eleitas no Congresso, mas fatia ainda é de só 10%. *UOL*, Manifesto UOL nas eleições: #Informação Contra o Achismo. São Paulo. Disponível em: https://eleicoes.uol.com.br/2014/noticias/2014/10/06/cresce-numero-de-mulheres-eleitas-no-congresso-mas-fatia-ainda-e-de-so-10.htm. Acesso em: 14 out. 2019.

DADOS estatísticos das Eleições 2008 para Prefeituras Municipais e Câmaras de Vereadores - Candidaturas e Eleitas. *Centro Feminista de Estudos e Assessoria*. Disponível em: http://www.cfemea.org.br/images/stories/ eleicoes2008_eleitoscvsexopartido.pdf. Acesso em: 14 out. 2019.

DRUMOND, Clésio Mucio; DRUMOND, Clermon Augusto; DRUMOND, Camilla Aparecida. *Eleições municipais*: a legislação passo a passo. Belo Horizonte: Fórum, 2016.

FACEBOOK. *In*: *Wikipédia*: a enciclopédia livre. Disponível em: https://pt.wikipedia.org/wiki/Facebook. Acesso em: 3 nov. 2019.

FLUXA. Mulheres na política: A luta histórica pela voz. *Revista AzMina*. Brasília. 1º de outubro de 2018. Disponível em: https://azmina.com.br/reportagens/mulheres-na-politica-a-luta-historica-pela-voz/. Acesso em: 14 out. 2019.

GARCIA, Cláudia R. Santos Albuquerque. *A Mulher e a sua participação política*: o que mudou nos últimos 30 anos? *In*: SILVA, Monteiro da. O Ministério Público e a Constituição Federal: 30 anos de vigência do novo pacto de direitos fundamentais. Rio de Janeiro: Lumens Juris, 2018. p. 74-79

GONÇALVES, Luiz Carlos dos Santos. *Direito eleitoral*. São Paulo: Atlas. Edição do Kindle, 2018

GROSSI, Míriam Pillar; MIGUEL, Sônia Malheiros. *Transformando a diferença*: as mulheres na política. Disponível em: http://www.scielo.br/pdf/ref/v9n1/8609.pdf. Acesso em: 14 out. 2019.

INSTAGRAM. *In*: *Wikipédia*: a enciclopédia livre. Disponível em: https://pt.wikipedia.org/wiki/Instagram. Acesso em: 3 nov. 2019.

INSTITUTO BRASILEIRO DE ADMINISTRAÇÃO MUNICIPAL. Disponível em: http://www.ibam.org.br/. Acesso em: 11 out. 2019.

LINKEDIN. *In*: *Wikipédia*: a enciclopédia livre. Disponível em: https://pt.wikipedia.org/wiki/LinkedIn. Acesso em: 4 nov. 2019.

LÔBO, Edilene; OLIVEIRA, Núbia Franco de. *Direitos fundamentais e inteligência artificial*: reflexões sobre os impactos das decisões automatizadas. Belo Horizonte; São Paulo: D'Plácido, 2023.

MARIA ORTIZ. *In*: *Wikipédia*: a enciclopédia livre. Maria Ortiz defendeu a então Capitania do Espírito Santo da invasão holandesa. Disponível em: https://pt.wikipedia.org/wiki/Maria_Ortiz. Acesso em: 12 out. 2019.

MARIA QUITÉRIA. *In*: *Wikipédia*: a enciclopédia livre. Maria Quitéria foi a primeira mulher a integrar o Exército Brasileiro e a combater pelo Brasil. Disponível em: https://pt.wikipedia.org/wiki/Maria_Quit%C3%A9ria. Acesso em: 10 out. 2019.

MAURANO, Adriana. *O poder legislativo municipal*. 2. ed. Belo Horizonte: Fórum, 2010.

MOURA, Maurício; CORRELIANI, Juliano. *A eleição disruptiva*: por que Bolsonaro venceu? Rio de Janeiro – São Paulo: Record, 2019.

NEISSER, Fernando Gaspar. *Crime e mentira na política*. Belo Horizonte: Fórum, 2016.

NÚMERO de mulheres eleitas em 2018 cresce 52,6% em relação a 2014. *Tribunal Superior Eleitoral*. Disponível em: http://www.tse.jus.br/imprensa/noticias-tse/2019/Marco/numero-de-mulheres-eleitas-em-2018-cresce-52-6-em-relacao-a-2014. Acesso em: 14 out. 2019.

PATRIARCADO. *In*: *Wikipédia*: a enciclopédia livre. Disponível em: https://pt.m.wikipedia.org/wiki/Patriarcado. Acesso em: 12 out. 2019.

PRADO, Ednelson. *Marketing político digital*: como construir uma campanha vencedora. Curitiba: Appris, 2018.

REDE SOCIAL. *In*: *Wikipédia*: a enciclopédia livre. Disponível em: https://pt.wikipedia.org/wiki/Rede_social. Acesso em: 3 nov. 2019.

ROCCAR, Alex. *O livro secreto do marketing eleitoral*: o que só os grandes campeões de votos sabem: Vereador. São Paulo: Xpress edições, 2016.

RODRIGUES, Marcelo Abelha; JORGE, Flávio Cheim. *Manual de direito eleitoral*. São Paulo: Revista dos Tribunais, 2014.

SAKAMOTO, Leonardo. *O que aprendi sendo xingado na internet*. São Paulo: Leya, 2016.

SUSTEIN, Cass R. *A verdade sobre os boatos*: como se espalham e por que acreditamos neles. Tradução Marcio Hack. Rio de Janeiro: Elsevier, 2010.

TRAVAGLIA, D. *Além das cotas*: outras medidas para melhorar a participação feminina na política brasileira. Dissertação (mestrado em Direitos Humanos) - University of Essex, Reino Unido, 2018 (original em inglês, disponível em: https://danielatravaglia.academia.edu. Acesso em: 11 out. 2019.

TWITTER. *In*: *Wikipédia*: a enciclopédia livre. Disponível em: https://pt.wikipedia.org/wiki/Twitter. Acesso em: 3 nov. 2019.

VELASCO, Clara. Proporção de vereadoras eleitas se mantém após quatro anos. *Globo.com*. 12 de outubro de 2016. Eleições 2016. Eleições em números. Disponível em: http://g1.globo.com/politica/eleicoes/2016/blog/eleicao-2016-em-numeros/post/proporcao-de-vereadoras-eleitas-se-mantem-apos-quatro-anos.html. Acesso em: 12 out.2019.

WHATSAPP. *In*: *Wikipédia*: a enciclopédia livre. Disponível em: https://pt.wikipedia.org/wiki/WhatsApp. Acesso em: 4 nov. 2019.

YOUTUBE. *In*: *Wikipédia*: a enciclopédia livre. Disponível em: https://pt.wikipedia.org/wiki/YouTube. Acesso em: 4 nov. 2019.

APÊNDICE

SUMÁRIOS DA LEGISLAÇÃO ELEITORAL E PARTIDÁRIA

Lei nº 9.504, de 30 de setembro de 1997 – Lei das eleições

Disposições Gerais (arts. 1º a 5º)

Das Coligações (art. 6º)

Das Federações (art. 6º-A)

Das Convenções para a Escolha de Candidatos (arts. 7º a 9º)

Do Registro de Candidatos (arts. 10 a 16-B)

Do Fundo Especial de Financiamento de Campanha (art. 16-C a 16-D)

Da Arrecadação e da Aplicação de Recursos nas Campanhas Eleitorais (arts. 17 a 27)

Da Prestação de Contas (arts. 28 a 32)

Das Pesquisas e Testes Pré-Eleitorais (arts. 33 a 35-A)

Da Propaganda Eleitoral em Geral (arts. 36 a 41-A)

Da Propaganda Eleitoral mediante *Outdoors* (art. 42) (revogado)

Da Propaganda Eleitoral na Imprensa (art. 43)

Da Propaganda Eleitoral no Rádio e na Televisão (arts. 44 a 57)

Da Propaganda na Internet (arts. 57-A a 57-J)

Do Direito de Resposta (art. 58 e 58-A)

Do Sistema Eletrônico de Votação e da Totalização dos Votos (arts. 59 a 62)

Das Mesas Receptoras (arts. 63 e 64)

Da Fiscalização das Eleições (arts. 65 a 72)

Das Condutas Vedadas aos Agentes Públicos em Campanhas Eleitorais (arts. 73 a 78)

Disposições Transitórias (arts. 79 a 89)

Disposições Finais (arts. 90 a 107)

Lei nº 4.737, de 15 de julho de 1965
– Código Eleitoral

Parte Primeira – Introdução (arts. 1º a 11)

Parte Segunda – Dos Órgãos da Justiça Eleitoral (arts. 12 a 41)

Título I – Do Tribunal Superior (arts. 16 a 24)

Título II – Dos Tribunais Regionais (arts. 25 a 31)

Título III – Dos Juízes Eleitorais (arts. 32 a 35)

Título IV – Das Juntas Eleitorais (arts. 36 a 41)

Parte Terceira – Do Alistamento (arts. 42 a 81)

Título I – Da Qualificação e Inscrição (arts. 42 a 51)

Capítulo I – Da Segunda Via (arts. 52 a 54)

Capítulo II – Da Transferência (arts. 55 a 61)

Capítulo III – Dos Preparadores (arts. 62 a 65)

Capítulo IV – Dos Delegados de Partido perante o Alistamento (art. 66)

Capítulo V – Do Encerramento do Alistamento (arts. 67 a 70)

Título II – Do Cancelamento e da Exclusão (arts. 71 a 81)

Parte Quarta – Das Eleições (arts. 82 a 233-A)

Título I – Do Sistema Eleitoral (arts. 82 a 86)

Capítulo I – Do Registro dos Candidatos (arts. 87 a 102)

Capítulo II – Do Voto Secreto (art. 103)

Capítulo III – Da Cédula Oficial (art. 104)

Capítulo IV – Da Representação Proporcional (arts. 105 a 113)

Título II – Dos Atos Preparatórios da Votação (arts. 114 a 116)

Capítulo I – Das Seções Eleitorais (arts. 117 e 118)

Capítulo II – Das Mesas Receptoras (arts. 119 a 130)

Capítulo III – Da Fiscalização perante as Mesas Receptoras (arts. 131 e 132)

Título III – Do Material para Votação (arts. 133 e 134)

Título IV – Da Votação (arts. 135 a 157)

Capítulo I – Dos Lugares da Votação (arts. 135 a 138)

Capítulo II – Da Polícia dos Trabalhos Eleitorais (arts. 139 a 141)

Capítulo III – Do Início da Votação (arts. 142 a 145)

Capítulo IV – Do Ato de Votar (arts. 146 a 152)

Capítulo V – Do Encerramento da Votação (arts. 153 a 157)

Título V – Da Apuração (arts. 158 a 233-A)

Capítulo I – Dos Órgãos Apuradores (art. 158)

Capítulo II – Da Apuração nas Juntas (arts. 159 a 196)

Seção I – Disposições Preliminares (arts. 159 a 164)

Seção II – Da Abertura da Urna (arts. 165 a 168)

Seção III – Das Impugnações e dos Recursos (arts. 169 a 172)

Seção IV – Da Contagem dos Votos (arts. 173 a 187)

Seção V – Da Contagem dos Votos pela Mesa Receptora (arts. 188 a 196)

Capítulo III – Da Apuração nos Tribunais Regionais (arts. 197 a 204)

Capítulo IV – Da Apuração no Tribunal Superior (arts. 205 a 214)

Capítulo V – Dos Diplomas (arts. 215 a 218)

Capítulo VI – Das Nulidades da Votação (arts. 219 a 224)

Capítulo VII – Do Voto no Exterior (arts. 225 a 233-A)

Parte Quinta – Disposições Várias (arts. 234 a 383)

Título I – Das Garantias Eleitorais (arts. 234 a 239)

Título II – Da Propaganda Partidária (arts. 240 a 256)

Título III – Dos Recursos (arts. 257 a 282)

Capítulo I – Disposições Preliminares (arts. 257 a 264)

Capítulo II – Dos Recursos perante as Juntas e Juízos Eleitorais (arts. 265 a 267)

Capítulo III – Dos Recursos nos Tribunais Regionais (arts. 268 a 279)

Capítulo IV – Dos Recursos no Tribunal Superior (arts. 280 a 282)

Título IV – Disposições Penais (arts. 283 a 364)

Capítulo I – Disposições Preliminares (arts. 283 a 288)

Capítulo II – Dos Crimes Eleitorais (arts. 289 a 354)

Capítulo III – Do Processo das Infrações (arts. 355 a 364)

Título V – Disposições Gerais e Transitórias (arts. 365 a 383)

Lei nº 9.096, de 19 de setembro de 1995
– Partidos Políticos

Título I – Disposições Preliminares (arts. 1º a 7º)

Título II – Da Organização e Funcionamento dos Partidos Políticos (arts. 8º a 29)

Capítulo I – Da Criação e do Registro dos Partidos Políticos (arts. 8º a 11)

Capítulo II – Do Funcionamento Parlamentar (arts. 12 e 13)

Capítulo III – Do Programa e do Estatuto (arts. 14 a 15-A)

Capítulo IV – Da Filiação Partidária (arts. 16 a 22-A)

Capítulo V – Da Fidelidade e da Disciplina Partidárias (arts. 23 a 26)

Capítulo VI – Da Fusão, Incorporação e Extinção dos Partidos Políticos (arts. 27 a 29)

Título III – Das Finanças e Contabilidade dos Partidos (arts. 30 a 44)

Capítulo I – Da Prestação de Contas (arts. 30 a 37-A)

Capítulo II – Do Fundo Partidário (arts. 38 a 44)

Título IV – Do Acesso Gratuito ao Rádio e à Televisão (arts. 45 a 49)

Título V – Disposições Gerais (arts. 50 a 54)

Título VI – Disposições Finais e Transitórias (arts. 55 a 63)

OBSERVAÇÃO 1: não foi feito sumário da *Lei Complementar nº 64/1990*, que trata das inelegibilidades, pois a mesma é pequena (embora densa) em relação às outras e não tem uma divisão em capítulos.

OBSERVAÇÃO 2: é importante para todos que queiram, de alguma maneira, participar do processo eleitoral, que fiquem atentos às *Resoluções editadas pelo TSE*, pois elas consolidam bem os assuntos. Além disso, é importante acessar as decisões do TSE tanto na *resposta de consultas* quanto nos *julgamentos de casos concretos*, pois é uma forma de atualização permanente.

Esta obra foi composta em fonte Palatino Linotype, corpo 10
e impressa em papel Offset 75g (miolo) e Supremo 250g (capa)
pela Artes Gráficas Formato.